깨달음의 진수

'양자물리학'과 '음양의 이치'를 회통시킨 깨달음의 마스터키

깨달음의 진수

양철곤 지음

생각나눔

.

목차

서문 _8

머리말 _12

원리를 사색하는 방법 · · · · · · · · · · · 14

무엇으로 어떻게 깨달을 것인가? · · · · · · · 26

진여眞如 · · · · · · · · · · · · · · · · · 49

원리 · · · · · · · · · · · · · · · · · · · 60

    1) 무상 _63   2) 연기 _66   3) 무아無我 _76

    4) 무자성 _77   5) 무유정법 _78   6) 중도 _79

    7) 인과법(인연법) _83

깨달음과 마음의 구조 · · · · · · · · · · · 85

음양의 이치(토러스) · · · · · · · · · · · 89

토러스로 이루어진 우주 · · · · · · · · · 100

영혼 · 109

소립자의 이중성 · · · · · · · · · · · · · 116

우주의 경영(순환, 윤회)원리 인과법因果法 · · · 120

사이비似而非(외도外道)와 우상偶像 · · · · · · · · 147

주재자와 지배자 · · · · · · · · · · · · · 162

일체유심조一切唯心造 · · · · · · · · · · · · 165

혜산과 함께 가기

신앙信仰과 깨달음 · · · · · · · · · · · · · 174

이기심 · · · · · · · · · · · · · · · · · · 178

해탈(행복)로 가는 지름길 · · · · · · · · · 182

깨달음으로 본 최면催眠 · · · · · · · · · · 187

치심법治心法과 용심법用心法 · · · · · · · · 191

무한대無限大 · · · · · · · · · · · · · · · 200

있는 그대로 보고, 다만 그냥 하라! · · · · · · · 202

서문

 이 책은 동서고금을 통해 깨달음으로 가는 모든 것들을 하나로 모으고 녹여 깨달음의 진수眞髓만으로 고속도로를 건설하여 깨달음의 세계로 가는 새로운 길을 제시提示(안내)한다.

 부처님께서는 명상을 통한 6년간의 고행을 하시고, 명상으로는 모든 고통(탐진치貪瞋癡 삼독三毒)으로부터 자유로워지는 '해탈(대 자유인)'의 경지에는 오를 수 없다는 사실을 체험하시고 보리수나무 아래에 앉아 깊은 사색에 잠기시고 연기緣起의 진리로 온 우주를 한눈에 관觀하시는 큰 깨달음을 이루셨다. 다시 말해서 명상으로는 깨달음의 궁극에 오르기는 어렵다는 말이다.

필자는 부처님의 경험을 절실하게 받아들이고, 깨달음의 대상인 진여의 성품(원리, 진리)을 깊게 사색思索(사유思惟)함으로써 모든 원리를 하나로 회통하고 중도中道를 정등각正等覺하는 일이 깨달음의 진수眞髓임을 체득體得(증득證得)하였다.

후학들은 이 길로 가면 깨달음의 길을 가는 데 많은 시간이 절약될 뿐만 아니라 흔들림이 없고 공부에 있어 많은 이익이 있으리라 믿는다.

공부로써 깨달음을 얻는 일은 그리 많은 시간을 필요

로 하지는 않는다. 그러나 깨달음의 내용을 수행을 통해 나(에고)의 성품을 진여의 성품으로 바꿈으로써 삶을 모든 것으로부터 자유로워지게 하는 '해탈(대 자유인)'의 경지에 올라 늘 만족하는 삶을 살아가는 일은 끊임없는 정진이 있어야 한다.

이렇게 정진(수행)하는 과정에 삶을 통해 깨달음의 깊이와 넓이는 끊임없이 증장된다.

깨달음의 진수는 간결하면서 단순하기 때문에 자명自明하면 할수록 더 좋다. 따라서 이 책의 분량은 그리 많지 않으나 깨닫고 나면 모르는 것이 없어진다.

이 길은 육조六祖 혜능慧能, 퇴계退溪 이황李滉, 혜산慧山 양철곤楊澈坤이 힘을 모아 하나 되어 만든 길임을 밝혀둔다.

새로운 길은 익숙하지 못해 늘 가던 길로 가고 싶어진

다. 공부에 앞서 이 일을 반드시 극복해야 한다.

　세상은 늘 새롭다. 잠시도 머무르지 않기 때문이다(무상無常).

　새로운 길은 독창성이다.

　독창성이 없는 깨달음은 지식에 불과할 뿐 진정한 깨달음이 아니다. 옛것을 고전이나 전통이라 해서 무작정 늘 그대로 말하거나 따라 하는 것은 무상無常과 연기緣起의 진리에도 어긋나는 일이다. 이것은 마치 원숭이나 앵무새가 사람의 흉내를 내는 것과 같아서 상대방을 깨달음의 궁극인 해탈의 길로 안내하기에는 거의 불가능하다.

여해如海 혜산慧山 양철곤楊澈坤

머리말

깨달음이 깊어지고 넓어질수록 모든 것이 자명自明(정견正見)해지기 때문에 논리가 간결하면서 단순해진다. 따라서 이 책은 인간의 개념으로 조작된 모든 것을 다 털어내고 팔만사천법문과 성경을 하나로 녹여 깨달음의 진수眞髓(요결要訣)만을 있는 그대로 서술하였다.

필자의 저서
1)『자기계발과 선의 만남』(2010년 8월 출간)

2)『양자물리학과 깨달음의 세계 1, 2』(2014년 6월 출간)
3)『양자물리학과 깨달음의 미래』(2018년 9월 출간)

  필자의 저서를 머리말에 올리는 이유는, 4권의 저서가 하나로 연결되어 있으며(유기적有機的), 필자의 공부와 수행의 깊이와 넓이가 발행 년도에 따라 달라서 그 과정을 알 수가 있고, 특히 원리에 대한 설명은 양자물리학과 깨달음의 세계1, 2에 상세하게 서술되어있기에 이 책에서는 가장 간결하게 요약하였기 때문이다.
  따라서 원리에 대해 이해가 잘 되지 않으면『양자물리학과 깨달음의 세계 1, 2』를 참고하는 것이 공부에 도움이 될 것이며, 4권 모두를 출간순서대로 읽으면 가장 좋을 것이다.

원리를 사색하는 방법

원리를 사색하는 방법은 깨달음의 길을 가는 데 있어 무엇보다도 중요하다.

대부분의 사람들이 이 문제를 실천하지 못해 깨달음에 실패하기 때문이다.

따라서 필자는 저서마다 가장 앞에 이에 관한 글을 올리고 있다.

깨달음의 세계를 공부하는 사람들이 누구나 가장 궁

금해하는 것은, '과연 깨달음이란 무엇이기에 큰 깨달음을 얻는 순간 말로는 표현할 수 없을 정도의 대 환희심이 일어나는가?'에 있다.

이제 필자가 체득한 것을 바탕으로 양자물리학을 접목시켜 말하고자 한다.

깨달음(회통會通)이란? 원리를 사색(사유)해 들어가는 관성의 양자파동장(메타인지)과 우주에 가득한 무한한 능력의 양자파동장의 결맞음이 번뜩임으로 일어나는 일종의 기적과 같은 일이다.

원리를 공부하기 전에 깨달음의 길로 들어가는 공부를 과연 어떻게 하는 것이 가장 잘하는 것인지에 대해 설명하고자 한다.

이 문제는 깨달음의 성패를 좌우하는 일이기 때문에 다시 한 번 강조하는 의미에서 더 자세하게 반복하는 것이니 자기 마음대로 하지 말고 반드시 여기에서 말하는 그대로 하기 바란다.

이렇게 자신 있게 말하는 이유는, 첫째 부처님께서는 명상의 궁극을 통해 깨달음을 얻으신 것이 아니라 깊은 사색에 들어 '연기緣起의 진리'를 깨달아 온 우주를 다 관하셨기 때문이고, 둘째는 필자 자신이 이 방법으로 공부하였음은 물론이고, 수년에 걸쳐 지도한 결과, 오직 이 방법이 깨달음의 길로 가는 데 있어 가장 확실하다는 결론에 이르렀기 때문이다.

깨달음의 길로 들어가는 데는 역사적으로 수많은 길이 있었다. 특히 가장 오래된 천부경을 비롯해서 불교 경전, 기독교의 성경, 이슬람의 코란 등 많은 경전이 있으나, 진여의 성품인 연기의 진리에서 나온 원리를 깨닫고 나면 이 모든 것들이 하나로 회통된다. 따라서 연기의 진리 하나만 깊게 깨달으면 모든 것은 이미 다 알고 있는 것과 같아진다는 말이다. 이것은 진여의 성품의 핵심이 '연기법緣起法'이기 때문이다. '연기'란? 이것과 저것의 관계성, 즉 상호의존성을 의미한다.

'연기'는 양자물리학에서 말하는 '양자파동장의 결맞음'을 의미하고, 우주에서 벌어지는 모든 현상은 '양자파동장의 결맞음'에 의해 결정된다.

'양자파동장의 결맞음'이란? 이것에서 나오는 양자파동장과 저것에서 나오는 양자파동장이 서로 결합할 때 어떻게 결맞음이 일어나느냐에 따라 모든 것이 결정되는 것을 말한다.

부처님께서 깊은 사색을 통해 연기의 진리를 깨달으셨기 때문에 이제 우리는 그 반대로 연기의 진리가 왜 진여의 성품이며, 왜 모든 원리가 연기에서 나왔는지에 대해 깊게 사색을 해야 깨달음의 길로 정확하게 갈 수 있다는 것이 더욱 자명自明해질 것이다.

사색을 할 때 가장 중요한 것은, 일체의 내 생각을 죽이고(내려놓고) 무심無心으로 있는 그대로를 다 받아들이면서 해야 '순수한 의심'이 자연스럽게 저절로 일어난다는 사실이다.

이것이 깨달음으로 가는 데 있어 가장 중요한 이유는, 본래의 자리인 진여에는 어떠한 개념도 본래 없기 때문에 내가 지니고 있는 모든 개념(내 생각, 지식, 알음알이)을 내려놓아야(비워야) 비로소 순수한 그 자리를 볼 수 있기 때문이다. 이것은 마치 순수한 물을 얻기 위해서는 그릇에 어떠한 것도 없이 빈 그릇이어야 하는 것과 같다.

공부를 하면서 만약에 의심이 일어나지 않는다면 이것은 나도 모르게 내가 이미 알고 있던 지식이나 알음알이로 헤아려 내 생각과 같으면 그대로 받아들여 이해한 것을 마치 다 아는 것으로 착각했거나 아니면 내 생각과 다르다고 생각해서 나만의 답을 만들었거나 둘 중의 하나다. 이렇게 내 생각을 버리고 있는 그대로를 다 받아들이는 공부를 지속하는 과정에 나도 모르게 매우 중요한 것을 터득하게 된다. 바로 긍정적인 사고방식이 길러지게 되고, 이것은 점차 발전하여 중도를 체득하게 하는 중요한 원인이 되기도 한다. 이렇게 하면 이 공부를 통해서 수많은 것들을 체득하게 하는 동기(계기)가 된다.

이러한 현상을 자각하는 일은, 깨달음을 얻고 나면 모든 면에서 자기도 모르게 이미 바뀌어 있다는 사실에 대해 나 자신도 놀라게 된다. 특히 원리를 회통시키는 공부는 이것과 저것을 통섭統攝함으로써 새로운 것을 창출해내는 능력을 극대화 시키게 된다. 다시 말해서 제3의 의식인 '메타인지meta認知'가 나도 모르게 계발된다는 말이다.

 일체의 내 생각을 내려놓아야 순수한 의심이 일어난 다고 했다. 이것이 원리를 깨닫는 일에 있어 가장 중요한 것이기 때문에 예를 들어 다시 말해 보겠다.

 과학이나 다른 학문은 따지고 분석하면서 연구해야 한다. 그러나 깨달음의 공부는 따지거나 분석하면 안 된다. 내 생각이 들어가기 때문이다.
 깨달음의 공부에서는 "미시세계란? 오감, 즉 눈으로 인식되지 않는 세상을 말하고, 거시세계란? 눈에 보이는 세상을 말함으로 인식의 대상이다."라고 매우 간결하고 단순하게 말한다. 이렇게 말하면 그냥 받아들여야 한다. 그러나 과학에서는 양자세계를 미시세계라 하기 때문에 매우 세밀하고 복잡하게 파고들어야 할 것이다. 과학적인 사고방식은 굉장히 복잡한 대상을 분석하고 처리할 수 있어야 하나 깨달음의 공부는 인간의 모든 개념을 초월해 있는 진여眞如를 대상으로 하기 때문에 과학을 하는 것처럼 따지거나 분석하면 안 된다는 말이다. 다시 말해서 어떠한 알음알이로도 따지거나 분석하는 것은 깨달음을 공부하는 데는 가장 큰 장애물일 뿐이다.

 예를 들어서 백지에는 어떠한 색상을 칠해도 그대로 올라갈 것이나 색상이 이미 올라가 있는 종이에는 어떠한 색상을 올려도 있는 그대로의 색상이 올라가지 않고 혼합된 색상이 올라갈 것이다.
 깨달음으로 가는 공부는 '의심공부'이기 때문에 사색을 할 때는 반드시 내 생각이 조금도 간섭하지 않은 순수한 의심이 일어나야 하고 일어난 의심에 대해서는 오직 왜 그럴까?, 어째서? 등 진심으로 알고자 하는 간절한 마음 하나만 있으면 그것으로 충분하다. 간절한 마음이 큰 깨달음으로 이어지기 때문이다. 간절한 마음이 깊어지면 깊어질수록 무엇으로도 잘 풀어지지 않는 커다란 의심에 걸리게 된다.

여기서 커다란 의심이란? 바로 진여에 걸리는 것을 의미한다. 그래서 선불교에서는 진여를 체득하게 하기 위해서 선문답, 할喝, 주장자拄杖子법문 등을 통해 즉시 깨닫게 하는 '조사선祖師禪'이 생겨났으며, 특히 선문답을 통해 즉시 깨닫게 하는 '언하대오言下大悟(줄탁동시啐啄同時)'가 이루어지지 않으면 차선책으로 그 말을 화두로 삼아 참구해 들어가는 '간화선看話禪(화두선話頭禪)'이 등장하게 된 것이다.

깨달음은 의식적으로 만들어지는 것이 아니다. 사색이 깊어져 내가 무엇을 하든 무의식에서 사색이 끊어지지 않고 자동으로 이어져 돌아가야 한다(알아차림, 메타인지). 이러한 현상이 지속되면 어느 날 별안간 시절인연

時節因緣이 닿아 홀연히 찾아오는 것이 큰 깨달음(확철대오,廓澈大悟)이다.

다시 말해서 사색하는 관성의 힘과 우주의 무한한 힘이 교감을 일으키면서 번뜩임으로 나타나는 것이 깨달음이라는 현상이다. 이것은 양자파동장의 결맞음 현상이다.

아인슈타인의 머리에는 온통 과학으로 가득하였으며, 베토벤은 음악으로 가득했기 때문에 독창적인 번뜩임이 일어났던 것이다.

원리를 깊게 사색하면 이것으로 머리를 가득 채우기 때문에 번뇌 망상은 좀처럼 일어나지 않게 됨으로 늘 마음은 평상심平常心을 잃지 않게 된다.

부처님께서는 보리수나무 아래에 앉아 깊은 사색에 들어 새벽 밤하늘에 별똥별이 떨어지는 것을 보고 깨달으셨고, 어떤 사람은 기왓장이 대나무에 부딪히면서 딱! 하는 소리에 깨달음을 얻고, 또 어떤 사람은 개울을 건너다 물에 자기 얼굴이 비치는 것을 보고 문득 깨달았다. 이러한 이야기는 깨닫는 순간과 동시에 이런 현상이 우연히 일어났다는 것일 뿐, 이러한 현상과 깨달음과는 아무런 관계가 없으니 신경 쓰지 말아야 한다.

깨달음으로 가는 일은 다른 사람과 나를 비교하지 않고 바라는 마음 없이 그냥 무심으로 최선을 다하면서 뚜벅뚜벅 홀로 가는 일이다.

결론적으로 깨달음의 진수는 무엇으로 어떻게 공부하느냐에 달려있다.

"무상은 모든 것은 바뀌고 변한다는 뜻이고, 연기는 이것과 저것이 서로 주고받는 상호의존인 상생의 관계를 뜻한다."라고 했으면 오직 이 말을 점차로 확장시켜 온 우주를 하나로 연결 짓는 일 외의 어떠한 다른 생각도 개입시키지 말라는 것이다.

이것이 내 생각, 즉 나를 죽이는 일(내려놓는 일)이다.

무엇으로 어떻게 깨달을 것인가?

깨달음이란? 내가 몰랐던 것을 확실하게 아는 것이다. 그것이 무엇이 되었든 상관없다.

인간은 무엇을 인지認知(판단, 생각)할 때, 무의식에 저장되어 있는 과거로부터 지금까지 내가 배우고 익혀 학습한 것을 활용해서 인지한다. 이 일을 담당하는 것이 제6의식이다.

의식이 작용할 때 내 마음대로 부릴 수 있는 의식이 있고 부릴 수는 없으나 잠재되어 있는 의식이 있다. 제3의 의식이라고도 하는 '메타인지'다. 메타인지는 생각이 또 다른 생각(깨달음)과 연결시키는 역할을 한다.

하나의 분야에 몰입(집중)하는 시간이 많아질수록 메타인지가 활발하게 움직이므로 그 분야의 전문가(장인, 달인)가 된다.

메타인지에 관한 글은 그리스 철학자 아리스토텔레스(기원전 384~322)까지 거슬러 올라간다.

미국의 발달 심리학자인 John H. Flavell(1976)에 의해 정의된 메타 인지에 대해 알아보는 일이 깨달음에 도움이 되리라 본다.

메타인지meta認知(metacognition)는 모든 분야에 그 영향력을 미치므로 많은 연구가 진행되고 있기 때문에 아직은 확실한 개념이 정립되지는 않았다. 따라서 여기서는 지금까지 알려진 메타인지에 대한 개념과 필자가 체득한 깨달음에 대한 메타인지의 작용을 중심으로 재조명하고자 한다.

Flavell에 의하면 메타인지는 '인식에 대한 인식', '생각에 대한 생각', '다른 사람의 의식에 대한 의식' 그리고 고차원의 생각하는 기술(higher-order thinking skills)이라고 정의되고 있다. 따라서 메타인지를 '상위인지'라고도 한다.

이 말의 의미는, 암기형식의 지식이 아니라 내가 무엇을 확실하게 알고 무엇에 대해 모르는지를 자각하고 모르는 부분에 대해 더 깊게 사유하는 것을 뜻한다. 다시 말해서 문제의 원리(이치)를 찾아 들어가는 것이다. 이러한 사유는 필자가 말하는 순수한 의심과 같다고 볼 수는 없지만, 공통점이 많다고 하겠다.

인지심리학자들이 공통적으로 하는 말 중에 이런 내용이 있다. "지식에는 두 종류가 있다. 하나는 내가 알고 있기는 하나 남에게 설명할 수 없는 지식이 있고, 다른 하나는 알고도 있으며 남에게 설명해서 이해를 시킬 수 있는 지식이다." 매우 중요한 말이다.

설명할 수 없는 지식은, 이치(원리)를 모르고 암기로 인해 익숙해져 있는 것을 안다고 착각하는 것일 뿐 진정한 지식이 아니다.

암기를 해서 안다고 착각하는 지식은 암기한 그대로를 말할 수는 있으나 상대방을 설득하고 이해를 시키기는 거의 불가능하다. 이것은 마치 녹음한 내용을 다시 들려주는 것과 같아서 지식을 대화를 통해 전달할 수 없다. 그러나 원리(이치)를 깨달아 확실하게 아는 지식은 자기만의 독창적인 언어를 사용하여 대화를 통해 상대방을 설득하고 이해시켜 전달할 수 있게 된다. 이것이 내가 쓸 수 있는 진정한 지식이다.

원리를 모르는 지식은 응용력이 없으나 원리를 깨달은 지식은 응용력이 무궁무진하기 때문이다.

메타인지의 작용은 모든 분야에 똑같이 적용된다. 그러나 메타인지의 대상이 무엇인가에 따라 얻어지는 결과는 다 다르다.

예를 들어서, 축구선수는 축구에 관련된 메타인지가 계발되고 야구선수는 야구에 관련된 메타인지가 계발되기 때문에 축구선수가 야구도 잘하기는 어렵다는 말이다.

필자는 깨달음의 대상을 '진여'라 하였고, 진여는 언어문자를 초월해 있으므로 진여의 성품인 '원리'를 깨달음의 대상으로 삼았다. 따라서 깨달음의 세계에서는 메타인지의 대상도 '원리'다. 원리를 깨닫기 위해서는 '나(내 생각)'를 죽여야 한다.

진여에는 알아차리는 기능과 알아차린 그대로를 작용

을 통해 만들어내는 기능만 있을 뿐 텅 비어 있기 때문이다.

음양의 이치는 진여의 성품에는 어긋나지는 않지만 '나'를 죽이는 이치는 본래 없기 때문에 깨달음의 궁극인 해탈의 경지에는 도달하지 못한다.

학문을 비롯한 그 어떠한 것으로도 '나'를 죽이지 못하면 궁극의 깨달음인 해탈解脫의 경지에 오른다는 것은 불가능하다.

'호리유차毫釐有差하면 천지현격天地懸隔이다.' 털끝만큼만 벌어져도 하늘과 땅 만큼 벌어진다. 다시 말해서 시작할 때 조금만 벌어져도 궁극으로 갈수록 하늘과 땅만큼 벌어진다는 말이다.

깨달음의 길로 가기 위해 시작의 선택을 무엇으로 하느냐의 문제는 너무나 중요하다.

메타인지meta認知란? 생각이 생각을 하는 것이므로 내 의지로 하는 생각이 아니기 때문에 메타인지가 작동할 때 나는 다만 제3자의 입장(객관적)에서 가만히 지켜보아야 한다. 다시 말해서 메타인지가 작동할 때는 내 의식(생각)이 간섭을 하면 안 된다는 말이다.

메타인지는 내 마음대로 움직이기 어렵기 때문에 평상시에는 거의 작동하지 않다가 문득 스스로 작동하거나 아니면 하나에 몰입했을 때(사색, 사유) 가장 활발하게 작동한다.

깨달음은 작은 번뜩임이 모여 가장 큰 깨달음(확철대오, 번뜩임)으로 이어지는 과정이다.

메타인지의 작용에 의해 번뜩임(깨달음)이 일어난다.

메타인지는 누구에게나 잠재되어있으나 계발啓發하지 않으면 좀처럼 작동하지 않게 된다. 메타인지를 계발하기 위해서는 하나의 분야에 집중(몰입)함으로써 우선 그것에 대한 원리를 1차 터득하여야 한다. 원리를 터득한다는 말은 일종의 작은 깨달음을 얻는 것과 같다. 만약에 원리를 터득하지 못하고 암기를 통해 지식적으로만 알게 되면 메타인지는 활발하게 움직이지 않는다.

다시 말하지만, 지식적으로 아는 것(머리로 아는 것)은 알기는 알아도 다른 사람에게 여러 말로(독창적으로) 설명할 수 있을 정도로 알지는 못한다. 그러나 원리를 터득하여 깨달음을 얻은 경우는 여러 가지 말로 다른 사람에게 설명할 수 있게 된다.

메타인지는 어느 특정한 분야를 통해서만 계발되는 것이 아니라 각 분야에서 오랫동안의 연구와 경험이 축적되어 일어나는 현상이다.

베토벤의 머리에는 온통 음악으로 가득했기 때문에

베토벤의 메타인지는 음악에 관련된 독창적인 자료를 우주 공간에서 양자파동장의 결맞음(번뜩임, 깨달음)을 통해 만들어지는 현상이다.

필자의 머리에는 오직 깨달음의 세계(진여의 성품인 원리)로 가득하다.

깨달음의 공부(사색, 사유)를 통해 원리가 터득되면 터득된 원리로 인해 1차 생각(작은 깨달음)이 만들어지고 이 생각은 하나의 생각으로 멈추는 것이 아니라 내 의식(생각)과는 상관없이 스스로 작동하게 되고 1차 생각이 스스로 다른 생각과 결합하여 2차, 3차 연쇄적으로 생각(번뜩임)을 불러들이게 된다. 다시 말해서 1차 깨달음이 2차 3차 다른 깨달음으로 이어지는 현상을 이르는 말이다.

이때 1차 생각이 2차 3차로 내 의식(생각)과는 상관없이 스스로 이어지게 하는 의식이 '메타인지'다. 이러한 현상은 짧게는 일상에서 순간적으로 일어나기도 하지만 길게는 잠자리에서 몇 시간씩 계속되기도 한다.

필자의 글은 거의 대부분 메타인지의 작용으로 쓰인다. 메타인지는 남을 가르칠 때와 글을 쓸 때 가장 활발하게 작용하기 때문에 필자는 내 공부를 높이기 위해 책을 쓰고 남을 지도하였다.

메타인지로 만들어진 생각을 깨달음이라 한다. 따라서 메타인지는 큰 깨달음으로 가는 데 있어 가장 강력한 무기(도구)와 같다. 이렇게 작은 깨달음은 더 큰 깨달음으로 이어지고 이러한 깨달음이 모이고 모여 어느 날 시절인연時節因緣(가장 알맞은 때)이 도래하면 모든 원리가 하나의 줄에 꿰어지는(회통) 기적과 같은 일이 벌어지게 된다.

이렇게 깨달음을 얻어가는 과정에 가장 조심해야 할 일은 모든 것이 하나로 회통(확철대오廓撤大悟)되기 전, 그때그때 얻는 작은 깨달음을 답(큰 깨달음)으로 착각해서 자기 것(고정관념, 아상)으로 삼으면 따로 살림을 차리게 되어 깨달음과는 영원히 멀어지게 된다.

메타인지를 계발하여 작은 깨달음을 얻기 위해서 필수적으로 해야 하는 일이 내 생각(아상我相, 고정관념, 지식, 알음알이, 무명無明)을 내려놓아야 한다(죽여야 한다.)는 사실이다. 따라서 깨달음의 지름길로 가기 위해서는 처음부터(공부의 시작부터) 내 생각을 죽일 수 있느냐 없느냐에 달려있다.

메타인지는 내가 자유롭게 부릴 수 있는 자의적인 의식意識(내 생각, 알음알이, 지식)이 아니라 깨달음의 공부를 통해 원리를 깨달은 1차 생각이 2차 3차의 생각을 만들어내는 일이기 때문에 지식知識(깨닫지 못한 내 생각)을 바꾸어 깨달음의 지혜로 바꾼다 하여 유식론唯識論에서는 '전식득지轉識得智'라 한다. 따라서 메타인지가 작용을 많이 하면 할수록 깨달음의 차원이 점차로 높아지게 된다.

깨달음으로 가기 위해 대부분의 사람들은 명상을 하게 된다. 명상은 워낙 오랜 전통을 지니고 있기 때문이다.
부처님께서는 6년간의 고행을 명상수행에 다 바치셨다. 그러나 명상수행으로는 고통을 비롯해서 모든 것으로부터 자유로워지는 '해탈解脫(대 자유인)'의 경지에는 오르지 못함을 절실하게 체험하시고 보리수나무 아래 앉아 깊은 사색(사유)에 드시고 '연기의 진리(연기법)'를 확연히 깨치시고 '중도中道'를 정등각正等覺'하셨다. 그로인해 부처님께서는 지나친 고행(명상수행)은 깨달음의 길로 가는 데 있어 별 도움이 되지 못하니 하지 말라고 당부

하셨다. 지금 이 말씀을 거의 잊고 있다는 것이 깨달음의 길로 가는 데 있어 가장 큰 장애다.

그럼에도 불구하고 명상수행의 전통이 워낙 뿌리가 깊어 지금까지도 이어져 내려온 것이다.

필자는 『양자물리학과 깨달음의 미래』에서 말하기를, 명상수행을 하지 말고 원리를 깊게 사색하는 것을 권고하면서 그 이유를 자세하게 설명하였다.

명상으로는 메타인지를 계발하기가 매우 어렵다는 사실을 부처님의 체험을 통해 잘 알고 있었기 때문이다.

메타인지는 제3의 의식으로 통찰력(직관력, 예지력)과 같다. 따라서 메타인지는 우주에 무한하게 있는 진여의 알아차리는 기능(전지全知)과 소통이 원활하게 됨으로써 깨달음을 얻게 된다. 이것을 양자적(과학적)으로 말한다면, 내가 계발한 메타인지(내 생각)에서 나오는 양자파동장과 진여의 알아차림에서 나오는 양자파동장의 결맞음이 잘 이루어진다는 뜻이다.

양자파동장의 결맞음이 좋다는 말은 결맞음이 높다는 뜻이고 나쁘다는 말은 결맞음이 교란됨을 뜻한다.

사이비들은 자신의 영혼(영성靈性)의 의미를 신(신성神性)과 연결시키고 메타인지를 영혼의식이라 말하면서 메타인지를 사용하여 자신은 신과 직접 소통하는 사람으로 승격시키고 급기야 자신은 선택받은 구세주, 구원자, 메시아 더 나아가서는 신神이라 말한다.

메타인지가 유기적으로 작용하여 하나의 작은 깨달음이 또 다른 깨달음을 일으키는 현상을 마치 자신이 신과 소통한다고 착각하여 자신을 신격화하면 사이비로 빠지게 된다. 이것은 착각(착각도인, 외도)일 뿐이다.

공부와 수행이 깊고 넓어질수록 메타인지는 정비례하

여 계발되고 궁극에 이르게 되면 24시간 메타인지가 수시로 작동하게 되고, 이렇게 되면 인간으로써 얻을 수 있는 최고의 능력을 갖추게 되고 모든 일을 환히 꿰뚫어 알 수 있는 자명(정견正見)한 사람이 된다.

사이비는 이러한 과정에 정도正道(깨달음의 길)로 가지 않고 자기생각으로 만든 길(외도外道)을 가는 사람을 이르는 말이다.

메타인지는, 진여의 알아차리는 능력이 어떠한 것(개체, 에고)도 거치지 않고 바로 나오기 때문에 '순수의식'이라 한다. 다시 말해서 인간의 어떠한 분별심 차별심이 개입되지 않고 있는 그대로를 보는 의식(묘관찰지妙觀察智, 대원경지大圓鏡智)을 말한다.

메타인지는 진여의 알아차리는 능력이 정신계로 분화한 본래 그대로의 모습과 그 의미가 같다.

진여는 있는 그대로를 알아차리기 때문에 조금의 조작도 없다. 따라서 좋다-나쁘다, 옳다-그르다, 길다-짧다, 선善-악惡 등 그 어떠한 분별도 차별도 없이 오직 알아차리기만 한다.

메타인지는 이것과 저것을 하나로 연결하는 연기적인 순수의식이기 때문에 '유기적有機的'이다. 그래서 메타인지는 모든 것을 하나로 연결시키는 회통(깨달음)의 기능을 가지게 된다.

인간의 몸(생명체)을 유기체라 하는 것은 오장육부가 각자의 기능을 하면서 그 기능이 하나로 연결되어 동시에 작용함으로써 생명활동이 가능하기 때문이다. 우주는 유기적으로 운영되기 때문에 인간의 몸을 소우주라 하는 이유다.

깨달음의 길로 가는 데 있어 가장 중요한 내용이기에 반복 학습하는 의미에서 다시 한 번 정리한다면….

자아의식(에고)은 과거로부터 지금까지 사람마다 배우고 익혀 학습한 것(업業)으로 만들어진 의식이기 때문에 사람마다 서로 같지 않고 다 다르다. 이것은 마치 우물 안의 개구리와 같아서 세상과 분리되어 있으므로 전체를 볼 수 없다. 그래서 자아의식을 분리의식이라고도 한다. 분리의식은 서로 다른 것끼리 만나면 다툼이 일어나기 쉽다. 세상은 본래 조용하나 생각이 다 다르기 때문에 늘 시끄럽다.

메타인지는 진여의 알아차리는 능력이 정신계로 분화한 것이므로 모르는 것이 없는 전지全知의 성격을 지니고 있다. 따라서 메타인지만 잘 만들어지면 깨닫는 것은 시간문제다.

메타인지는 내 생각(자아의식)을 죽인 의식이기 때문에 메타인지가 작용할 때는 나는 다만 제3자로서 지켜만 보고 어떠한 간섭도 해서는 안 된다. 만약에 내 생각이 조금이라도 개입되어 간섭을 일으키면 유기적인 현상이 끊어지게 되어 깨달음을 캐내지 못하게 된다. 따라서 유기적이지 못한 생각은 메타인지가 아니라 자아의식(내 생각)에 의한 작용일 뿐이다. 내 생각이 개입되지 않은 상태(제3자의 입장)에서 생각이 돌아간다고 해서 다 메타인지는 아니라는 말이다.

메타인지를 계발하는 일은 깨달음을 얻고 증장(영적인 성장)시키는 데 있어 가장 중요한 핵심 중의 핵심이다. 깨달음을 캐내는 가장 강력한 도구(무기)이기 때문이다.

그러나 지금까지는 무엇으로 어떻게 깨달음을 얻을 수 있는지에 대한 글이 거의 전무한 현실이었다.

있었다 하더라도 명상을 필수요건으로 하였기 때문에 일상을 떠나 조용한 장소(출가出家)를 필요로 하였으며 명상의 궁극인 '비상비비상처非想非非想處'의 경지에 이르기 위해 닦는 선정禪定인 '멸진정滅盡定'에 들기 위해서는 수많은 부작용(마구니 장애)에 시달려야 하고 너무나 많은 시간을 필요로 했으며, 설혹 이 경지에 올랐다 하더라도 이것이 해탈의 경지는 아니라는 것이 6년간의 고행으로 얻으신 부처님의 가르침이다. 이 가르침을 잊어서는 안 될 것이다.

한 번 더 강조하는 의미에서 복습한다.

메타인지는 유기적(전체적)이기 때문에 어떠한 간섭도 받아서는 안 된다는 것이 핵심 중의 핵심이다. 간섭(개입, 내 생각, 자아의식)하지 않는다는 것이 쉬우면서도 가장 어렵다. 저자가 오랜 시간 많은 사람들을 지도하면서 대부분의 많은 사람들이 이 문제에서 가장 어려움을 겪었다.

간섭하지 않기 위해서는 내 생각(자아의식, 알음알이,

지식, 무명, 아상 업, 습관)을 죽여야 하기 때문이다. 자아를 소멸한다는 것은 깨달음의 궁극이면서 시작이다.

 사유를 할 때 내 생각을 죽이고 해야 하기 때문이다. 사유(사색)한다는 것은 생각을 깊게 하는 것(몰입)을 말하는데 생각이 깊어질수록 더 알고자 하는 의심(의문)이 생기게 된다. 이 의심은 의식적으로 만들어내는 의심이 아니라 저절로 일어나는 순수한 의심이어야 하고 의심의 답도 내가 만들어내면 안 된다. 의심의 답도 사유하는 과정에 저절로 풀어져야 한다. 의심을 내가 만들고 내가 답을 구해 풀어버리면 메타인지는 계발되지 않고 깨달음과는 영원히 멀어지게 된다.
 이러한 작은 깨달음이 모이고 모여 커다란 깨달음으로 이어지게 된다. 따라서 글을 읽을 때 내 생각(지식, 고정관념)을 죽이는 일이 사유의 핵심이다.

메타인지는 의심이 생겨나고 풀어지는 과정을 거치면서 그 힘이 증장되기 때문에 궁극에 이르면 24시간 스스로 작동하게 된다. 작동하고 있다는 사실을 일상에서는 거의 느끼지 못하나 어떤 자극(관심 거리, 알고자 하는 것, 계기, 동기)을 받으면 시시때때로 작동하면서 그 문제의 정확한 답(깨달음, 지혜)을 찾아낸다.

유기적인 사유란? 전체와 하나로 연결하는 생각이기 때문에 자기중심적(이기적)으로 생각해서 부분만을 보면 안 된다는 말이다.
우주 전체는 하나의 줄로 연결되어 유기적으로 운영되고 있는데 이 줄을 끊어지게 하는 것이 자아의식이기 때문이다. 하나로 연결된 실이 끊어지면 안 된다.

결론적으로 메타인지는 깨달음을 얻는 데 있어 가장 강력한 도구(무기)이기 때문에 이 길을 가는데 있어서는 반드시 메타인지를 계발해야 된다.

메타인지는 진여의 알아차림(전지全知)이 정신계로 분화하면서 모든 인간에게 누구에게나 평등하게 갖추어졌기 때문에 인간이라면 누구나 깨달을 수 있는 기본적인 능력을 갖추고 있다.

메타인지는 진여의 알아차림이기 때문에 모든 것과 하나로 연결되어 스스로 작동하는 것이어서 유기적이다. 따라서 메타인지는 어떠한 간섭도 받으면 안 된다. 나(자아의식)는 다만 제3자(객관적)로서 가만히 지켜보는 가운데 메타인지를 통해 깨달음만 얻으면(체득, 증득) 되는 것이다.

인간을 비롯해서 우주를 뒤에서 조종하는 자(주재자主宰者)는 바로 진여다. 그래서 메타인지는 우주를 다 보는 의식(전체의식)이다.

세상이 어디로 가든 내가 직접 바꾸려 하지 마라! 다만 세상은 인연(상황, 여건) 따라 바뀌고 변할 따름이다.

세상을 바꾸려 하면 오히려 역행한다. 작용에는 반드시 반작용이 따르기 때문이다. 각자가 자기의 할 일에 최선을 다하면 세상은 스스로를 알아서 바꾼다. 이것이 진여의 알아차림과 작용이 하는 일이다.

진여眞如

　진여眞如라는 말을 글자 그대로 직역하면, 참(진짜)과 같다는 뜻이다.

　참과 같다는 뜻은 '있는 그대로'라는 말이고 '있는 그대로'란? 인간의 모든 개념을 초월해 있다는 의미다.

　'있는 그대로'를 보기 위해서는 인간에 의해 만들어진 말과 글(언설상言舌相, 명자상名字相)을 모두 내려놓고 보아야 한다. 필자는 이 진실을 공부 중에 미리 알았기에 내 생각을 죽이고 원리를 사색함으로써 '메타인지(우주의식, 전체의식)'가 빠르게 계발되었다.

 따라서 이 책을 읽을 때는 내 생각을 죽이고(내려놓고) 있는 그대로를 받아들이는 가운데 자연스럽게 일어나는 '순수한 의심'을 끊어지지 않게 하는 것이 최상의 공부 방법이다.
 내 생각을 완전하게 죽이는 일이 깨달음의 궁극이다. 내가 죽고 없으니 바람과 같아서 무엇이 있어 머무르고 걸리겠는가? 내가(주관) 없으니 너(객관, 대상, 경계)는 생기지 않는다.
 그것이 해탈이기 때문이다.

 진여는 시작도 없고 끝도 없으며(무시무종無始無終), 생겨난 적도 없고 멸한 적도 없다(불생불멸不生不滅). 다시 말해서 본래부터 있었던 것(본래 항상恒常한 것)이라는 말이다. 본래부터 있었기 때문에 진여보다 먼저 존재할 수 있는 것은 있을 수 없으므로 모든 존재(만상, 모든 것)는 진여로부터 나온 것이다.

아무것도 없는 무無에서는 어떠한 것도 나올 수가 없다. 우주가 생기기 이전부터 진여가 있었기에 만상이 진여로부터 시작될 수 있었던 것이다. 따라서 우주가 만들어질 수 있는 여건(인연因緣)은 본래부터 있었다.

이것은 진여의 보편타당성(어디에나 다 해당하고 어떠한 것에도 딱 들어맞다.)을 말하기 때문에 이 일보다 더 자명自明한 진실은 없다.

자명하다는 것은 마치 하늘에 태양과 같아서 스스로 분명하고 확실한 것을 이르는 말이다. 자명한 것은 보편타당함을 뜻한다. 진리(원리)는 스스로를 밝힌다.

모든 것은 진여로부터 나왔다는 진실을 잊어버리지 않는 것이 깨달음의 길로 가는 데 있어 매우 중요하다. 모든 것의 주재자主宰者(경영자, 운영자)이며 본질本質이고 본성本性이기 때문이다. 따라서 만상은 진여의 다른 모습(아바타, avatar)이다.

이것은 마치 금덩어리(진여)로 무엇을 만들었던 그 모양과 쓰임새는 다 다르나 금(진여)이라고 하는 본질(본성)에 있어서는 같다는 뜻과 하나로 통한다.

진여를 과학의 언어를 빌려 말한다면 거대한 에너지다.

진여에는 무엇이든 다 알아차리는 기능(전지全知)과 알아차린 그대로를 작용을 통해 인연因緣(조건, 여건, 상황) 따라 다 만들어 내는 기능(전능全能, 작용)만 있을 뿐 텅 비어 있다(공空).

알아차리는 기능을 '이理'라 하고 작용하는 기능(움직임)을 '기氣'라 한다.

진여의 전지전능한 기능을 상반되는 두 개의 성질인 음陰과 양陽으로 풀어낸 것이 '음양의 이치'다.

이렇게 전지전능한 능력으로 만상을 만들어 낼 때 만상에는 전지전능한 능력이 그대로 유전되었다. 다시 말해서 모든 생명체가 생명활동을 할 수 있는 그 능력은 진여로부터 물려받았다(유전遺傳, 전이轉移)는 말이다. 따라서 내가 하는 모든 행위를 비롯해 오장육부가 자율신경에 의해 움직이는 생명활동은 나(개체, 아바타)를 통해서 진여의 알아차림과 작용이 겉으로 드러나는 것일 뿐, 이것의 주재자主宰者는 내가 아니라 진여라는 뜻이다.

진여의 전지전능한 능력은 반드시 진여가 만들어낸 것들을 통해서 현상계(세상)에 드러난다.

한 사람이 모든 것을 알기는 불가능하다. 그러나 만상은 진여로부터 나왔기 때문에 진여를 확실하게 알면 모든 것에 대해 저절로 알게 된다. 이것이 깨달음이고 진여의 성품이 만상의 본성本性이므로 본래의 성품을 본다는 것을 가리켜 '견성見性'이라 한다. 따라서 깨달음의 대상이 진여라는 사실은 너무나 자명하다.

  외도外道들은 견성의 의미도 자기 나름대로 말하기 때문에 후학들을 더욱 혼란스럽게 하는 원인이 되기도 한다.

  진여는 에너지이기 때문에 형상이 없고 고차원(4차원 이상)이며 최초의 것이므로 인간의 어떠한 개념도 초월해 있다. 그래서 '진여(법法)를 진여라 하면 그것은 이미 진여가 아니다.'라고 한다. 선禪에서는 '언어도단言語道斷(말이나 문자로 나타낼 수 없다.)'이요 '개구즉착開口卽錯(입을 여는 순간 이미 그르쳤다.)'이라 한다.

  진여에 대해서는 이같이 되어있기 때문에 깨달음은 전해 줄 수도 없고 전해 받을 수도 없다 하여 오로지 체득體得(증득證得)하는 것을 원칙으로 삼았다.

  이러한 이유로 선불교에서는 조사선祖師禪(불립문자不立文字, 교외별전敎外別傳, 직지인심直指人心 견성성불見性成佛), 화두선話頭禪(하나의 주제를 집중적으로 의심하여 그것을 풀어냄으로써 깨달음에 이르는 수행법)이 등장하게 되었다. 따라서 진여에 대해 직접적으로 물으면 스승도 말로 가르쳐 줄 수는 없으므로 때리거나 큰 소리로 고함을 지르거나 주장자를 집어던지는 등을 깨달음의 방편으로 사용하기도 하였는데 이러한 행위는 진여의 작용을 말 대신 방편으로 드러낸 것이다.

진여에 대해서는 무어라고 말할 수 없으나 필자는 진여의 성품에 대해서는 분명하게 말할 수 있을 것이라는 데 착안을 하였다. 이것은 마치 그 사람에 대해서는 확실하게 무어라 말할 수 없으나, 그 사람의 성품에 대해서는 말할 수 있는 이치와 같다. 그 사람의 성품이 바로 그 사람이므로 그 사람과 그 사람의 성품은 서로 분리시킬 수 없기 때문이다.

필자는 진여의 성품을 '원리(진리)'라 이름하기 때문에 깨달음의 대상은 '원리'다. 이렇게 분명하게 제시하는 책이 없다는 현실이 안타깝다.

깨달음의 대상을 다른 곳에서 찾으면 공부에 혼란을 일으켜 깨닫기는 어려워진다.

진여의 성품에 대해서는 경전의 이곳저곳에 분산되어 기록되어 있다.

진여의 성품이 바로 진리다. 이것을 하나로 모아보면, 만상은 잠시도 쉬지 않고 변하고 바뀐다는 '무상無常', 모든 존재는 서로 주고받는 상호의존성(상호관계성)으로 그 존재가 가능하다는 '연기緣起'다. 부처님께서 깨달은 내용의 핵심이 '연기법'이다. 그래서 "연기를 보면 공空을 보고 공을 보면 여래如來를 본다." 하였다.

만상은 변하고 바뀌는 가운데 이것은 저것에 저것은

이것에 서로 주고받는 관계로 존재하기 때문에 '이것은 이것이고 저것은 저것이다.'라고 할 만한 고정불변의 스스로의 성품(자성自性)을 가진 존재는 없으므로 '무자성無自性'이라 한다. 다시 말해서 모든 존재는 하나의 성질로 된 것이 아니라 이것과 저것이 서로 혼재(혼합)되어 있으며 생멸生滅이 있는 한시적 존재이기 때문에 '나'라고 할 만한 것이 없기에 이것을 '무아無我'라 한다. 무아는 내가 있기는 있으나 '나' 아닌 여러 가지가 혼재되어있으므로 '비아非我'를 의미한다. 무아는 무유정법無有定法(정해진 법이 없다는 것이 법이다.)으로 이어진다.

변하고 바뀌어 무상하기 때문에 공空한 것을 '무상공無常空'이라 하고, 고정불변으로 독립되어 존재하는 것이 아니라 서로 주고받아 혼재되어 하나로 연결되어 있기에 '연기공緣起空'이라 하며, '나'라고 할 만한 하나의 독립된 성질로 되어있지 않기에 '아공我空'이라 하고, 나만 공空한 존재가 아니라 모든 것(법法, 만상)이 다 공하기 때문에 '법공法空'이라 한다.

이 모든 진실을 하나의 말로 '공空하다.'라고 한다.

이러한 원리로 볼 때, 모든 것이 공하기 때문에 '정해진 법(원칙)이 없다는 것이 진리다. 다만 인연(조건, 여건, 상황)따라 정해진 법은 있다.' 이것을 '무유정법無有定法'이라 한다.

원리(진여의 성품)는 이것이 전부다.

원리를 깨치기 위해서는 '공부'를 해야 하고 공부한 내용(깨달음)을 삶에 실행시키는 능력을 키우기 위해서는 '수행'을 끊임없이 해야 한다.

필자는 진여의 성품을 '진여의 영혼'이라 하고 나(에고, ego)의 성품을 '나의 영혼'이라 정의한다.

진여는 본래부터 있었기 때문에 진여의 영혼도 만들어진 것이 아니라 본래부터 있었다. 그러나 내 영혼은 본래부터 있었던 것이 아니라 과거로부터 지금까지 배우고 익혀 학습한 것(업業)으로 내가 만든 것이다.

따라서 깨달음이란? 나에 의해 만들어진 내 영혼을 본래부터 있었던 진여의 영혼으로 바꾸는 일(되돌아가는 일, 회복하는 일)이라는 사실이 자명하게 드러난다.

그래서 깨달음이란? 본래의 자리를 회복하는 일(되돌아가는 일)이기 때문에 얻을 것이 없다고 한다.

원리

변하고 바뀌는 과정(무상無常)에 서로 주고받는 연기緣起관계가 만들어지고, 만상은 무상하고 연기적인 존재이므로 고정불변의 '나'라고 할 만한 것이 없기 때문에 무아無我(비아非我, 아공법공我空法空)다.

무아는 무자성無自性으로 이어지고 무자성은 무유정법無有定法으로 이어진다. 따라서 모든 것은 있는 그대로 공空한 존재다.

이렇게 원리는 하나의 줄로 회통되고, 우주는 이 하나의 줄(진리)로 경영(운영)된다. 그래서 진여는 우주를 주재하는 주재자다.

원리는 반드시 하나의 줄에 연기되어 함께하여야 한다. 그렇지 않은 것은 원리(진리)가 아니다. 이것으로 사이비를 명확하게 가려낼 수 있다.

진여의 성품을 한마디로 하면 '중도中道'라 한다. 따라서 진여는 항상 중도로 알아차리고 중도로 작용한다.

중도를 음양의 이치로 본다면 '음중지양陰中之陽 양중지음陽中之陰'이다.

이로써 중도는 연기의 다른 이름이고 중도는 상생相生이다. 상생은 균형均衡과 그 의미가 같다.

중도를 정등각正等覺하는 일이 깨달음의 진수眞髓이며 궁극(확철대오)이다.

부처님께서 깨달음을 이루신 다음 최초로 하신 법문

이 "나는 중도를 정등각 했노라!"이다.

'중도는 중도에도 머무르지 않기 때문에 중도라 한다.'
이 말이 중도의 의미의 핵심이다.

'중도는 밝은 곳에서는 능히 밝을 줄 알고 어두운 곳에서는 능히 어두울 줄 안다.' 따라서 중도는 교회에 가면 "할렐루야! 아멘!" 할 줄 알고 절에 가면 "나무아미타불! 관세음보살!"이라 할 줄 안다. 그래서 중도는 다툼이 없다. 어떠한 것과도 화합하고 융합한다. 하나 됨이다.

어떠한 것도 고정관념으로 삼지 마라!
그러나 중도는 중도에도 머무르지 않기 때문에 중도를 고정관념으로 삼아라! 그리하면 고정관념(알음알이, 내 생각, 무명, 아상, 지식)이 사라질 것이다. 중도는 답이 없는 답이기 때문이다. 이것이 최상의 지혜다.

인생살이에는 정해진 답이 없다. 다만 주어지는 결과(과보)만 있을 뿐이다.

'정해진 답이 없다(무유정법).'는 것이 진리(진실)이기 때문이다.

1) 무상

무상無常하다(항상 하지 않다.)는 뜻은, 모든 것은 변하고 바뀐다는 뜻이다. 깨달음의 세계에서 무상의 원리보다 더 중요한 말도 없다. 무상의 원리에서 모든 원리로 이어지기 때문이다.

"이 또한 지나가리라!" 이 말도 무상의 진리에서 나온 말이다.

깊게 사유해 보라! 만약에 만상이 어떠한 경우에도 고

정불변이어서 무상하지 않다면 과연 존재가 가능할까?

　무상하지 않다면 애초에 존재 자체가 불가능해진다. 진여의 알아차리고 작용하는 일이 불가능해지기 때문이다.

　무상하지 않으면 그다음도 있을 수 없기 때문에 연기의 원리를 비롯한 모든 원리도 성립될 수 없다. 더구나 진여가 작용한다는 것 자체가 있을 수 없다. 작용(움직임)이라는 자체가 바뀌고 변하는 것이기 때문이다.

　무상하지 않으면 생멸도 없다. 사람이 어떠한 경우에도 죽지 않는다면 인생은 아무런 의미가 없어진다. 죽기 때문에 우리들의 인생이 더욱 빛나고 아름다운 것이다. 깨닫고 나면 죽는다는 것은 없어지는 것이 아니라 잠시 다른 삶으로 옮겨가기 위해 우리들의 눈에서 사라질 뿐이라는 진실을 알게 된다. 상생(진여의 성품)의 삶을 살았다면 죽음은 또 다른 축복이다. 이러한 자연의 순환

(윤회)원리를 알면 죽음으로부터 자유로워진다. 이것이 생사를 초월하는 일이다. 생사초월은 생사가 있는 가운데 생사가 없어지는 도리다.

진여로부터 나온 모든 것에는 영원한 것은 있을 수 없다. 영원한 것은 오직 진여뿐이다. 영원하다는 말도 유한하다는 말을 전제로 한 상대적인 말이기 때문에 진여에는 이러한 말도 붙을 수 없다.

사람이 바뀌고 변하지 않고 고정불변으로 고정되어 있다면 깨달음도 없다.

무상한 존재이기 때문에 좋은 사람이 나쁘게 될 수도 있고 나쁜 사람이 좋은 사람으로 바뀔 수 있는 것이다.

무상하지 않다면 갓난아이가 결코 어른으로 자라지 못할 것이다. 이처럼 무상은 만고의 진리일 수밖에 없다.

'모든 것은 무상으로부터 시작된다는 것이 가장 자명한 원리(진리)다.'

2) 연기

　모든 것은 이것과 저것의 서로 상대적인 관계(상호의존성, 상호보완성)로 존재한다.
　'이것이 있으므로 해서 저것이 있고 저것이 있으므로 해서 이것이 있다. 따라서 이것이 사라지면 저것이 사라지고 저것이 사라지면 이것도 사라진다.' 연기법緣起法을 간단하고 선명하게 말한 것이다.

"차유고피유此有故彼有

차기고피기此起故彼起

차무고피무此無故彼無

차멸고피멸此滅故彼滅"

『잡아함』335

  연기관계를 깊게 사색하고 온몸으로 느껴보라! '나'를 중심으로 관계성을 확장해 나가면 우주와 내가 하나임을 확실하게 알게 될 것이다.

  이것이 가장 큰 깨달음이다.

  부처님께서 깨달으신 깨달음의 핵심이다. 깨달음은 쉽고도 어렵다. 글을 읽고 사유하지 않으면 어렵고 깊게 사색할수록 쉬워진다.

  내 생각을 죽이고 사색하는 일이 진수(핵심)다. 내 생각을 죽이고 깊게 사유(사색)하는 일이 깨달음의 세계로 들어가는 진정한 명상이다.

  무엇이 되었든 3차원 현상계는 이것과 저것이라는 이원성二元性의 세계이기 때문에 연기를 떠나서 존재할 수 있는 것은 단 하나도 있을 수 없다. 따라서 존재를 떠나 독립적으로 스스로 존재하는 신神은 인간의 개념일 뿐 진여(진리, 원리)의 입장에서는 있을 수 없는 불가능한 존재다. 다만 신앙(믿음)적으로는 있다. "나는 그렇게 믿는다."라는 사람에게는 어떠한 이유도 그 의미가 없어지기 때문이다.

진여는 생멸이 없으나 진여로부터 나온 모든 것에는 생멸이 있다.

생(이것)과 멸(저것)도 연기관계다. 생이 있기 때문에 멸이 있고 멸이 있기 때문에 생이 있다. 따라서 생멸은 순환(윤회)이므로 멸한 다음의 생은 반드시 있게 마련이다. 지식인들 중에서 윤회를 부정하는 경우가 있는데 이것은 진실(진리)을 모르는 매우 어리석은 사람이다. 그래서 소크라테스가 "너 자신을 알라!"고 말한 것이다.

인간은 오온五蘊(색수상행식色受想行識), 즉 물질인 색(몸, 육신)과 정신작용인 수상행식이 인연 따라 모이면 생生

하고 몸과 정신작용이 흩어지면 멸滅(사死)한다.

 모이는 것(붙음)을 양陽이라 하고 흩어지는 것(떨어짐)을 음陰이라 하면, 음(이것)과 양(저것)도 연기관계다.

 3차원 현상계는 붙었다(모이고, 생生) 떨어지는(흩어지는, 멸滅, 사死) 일이 전부다. 이 과정이 변하고 바뀌는 일이므로 '무상無常(항상恒常 하지 않다. 고정불변이 아니다.)'이라 한다.

 3차원 현상계는 상반되는 둘이 하나로 연결되어 서로 보완하는 관계다. 마치 동전의 양면과 같다. 이것이 연기관계다.

 실패(불행)는 성공(행복)의 어머니라 하듯이….

 우주는 하나의 줄(진리, 원리)로 연결되어 있다. 따라서 진리는 둘이 있을 수 없다. 만약에 진리가 둘이 있다면 보편타당성(어디에나 똑같이 적용되고 모든 것에 정확하게 들어맞는 것)이 될 수 없으며 서로 상충相衝되어 어떠한 존재도 불가능해진다.

하나의 줄은 연기의 진리를 의미하며 연기란 철저하게 상생相生의 관계를 이룬다. 먹이 사슬이 좋은 예이다.

전쟁을 비롯해서 흑사병이나 바이러스와 같은 것들도 인간 중심으로 보면 분명히 나쁜 것(상멸)이다. 그러나 연기의 진리로 전체를 볼 때는 분명히 무언가 필요(상생)에 의해 생겨났을 것이다. 따라서 부분적으로는 상멸의 관계일 수 있으나 전체적으로는 반드시 상생의 관계다.

역사적으로 바이러스로 인해 세상이 얼마나 많이 바뀌고 변하였는가? 시간이 흐르면 그 결과가 상생으로 드러나게 될 것이다. 좋은 점과 나쁜 점을 계산해보면 반드시 상생의 결과를 알 수 있을 것이다.

진여가 무엇을 만들어내던 상생의 관계가 아니면 만들

어내지 않는다는 진실을 잊지 않는 것이 깨달음의 진수다.

원시시대가 좋을까? 지금의 세상이 더 좋을까? 어느 시대가 더 좋다 나쁘다고 말할 수 없다. 세상은 때(시대)에 따라 그때의 모든 것과 서로 연결되어 만들어지기 때문에 원시시대는 원시시대대로 지금은 지금대로 가장 완전한(온전한) 세상이다.

세상은 모든 것이 연기관계가 아닌 것이 없다. 이것과 저것의 관계를 연기관계라 하기 때문이다.

꽃과 나비와 벌, 해, 달, 물, 불, 공기, 바람, 식물과 동물, 어머니와 아버지, 부모와 자식, 가정과 사회, 국가와 국민, 선과 악, 불행과 행복, 실패와 성공, 옳다 그르다, 길다 짧다. 원인과 결과, 생과 멸, 과거 현재 미래라는 시간 등

연기를 보면 전체(우주)를 다 볼 수 있다. 이것은 마치

그물과 같아서 하나의 줄을 당기면 전체가 다 올라오기 때문이다. 메타인지가 우주의식(전체의식)이고 유기적이라 하는 이유다.

 연기는 너(객관, 대상, 경계, 우주)와 나(주관)를 하나로 연결해서 보는 전체의식이고 인간은 자기중심적(이기적)이므로 너와 나를 분리시켜 우물 안의 개구리처럼 부분만을 보기 때문에 분리의식이라 한다.
 따라서 깨달음이란? 분리의식을 바꾸어 '너와 나는 둘이 아니고(불이不二) 다르지 않으므로(불이不異) 하나다.'라는 전체의식(우주의식)을 회복하는 일이다.
 깨달음에 관한 글을 '불이법문不二法門'이라 하는 이유다.

 모든 생명체는 살아남기 위한 본능이 있기 때문에 이기적이다. 이기적이지 않으면 존재 자체가 불가능해 짐으로 너와 나를 동시에 이익 되게 하는 상생의 관계(연기적인 관계)를 유지해야 한다. 따라서 상생의 관계를 파괴하는 것이 사이비다.

　인연은 생각과 생각의 만남이다.
　너의 생각(저것)과 나의 생각(이것)으로 말미암아 맺어지는 일이 인연이라는 뜻이다. 과학적으로는 나의 생각의 양자파동장과 너의 생각의 양자파동장이 결맞음을 일으키는 현상이다. 이 결맞음은 진여의 알아차리는 기능(전지全知)과 작용(전능全能)이 한 치의 오차도 없이 정확하게 연결한다.
　생각은 업業이기 때문에 결국 인연은 업과 업이 서로 연결되는(만나는) 일이다. 따라서 연기법緣起法 인과법因果法 인연법因緣法은 그 의미가 하나로 통한다(연결된다).

　인연은, 좋은 생각(업)과 좋은 생각이 만나는 경우와 좋은 생각과 나쁜 생각(업)이 만나는 경우와 나쁜 생각과 나쁜 생각이 만나는 경우가 있다. 다시 말해서, 양자 파동장의 결맞음이 좋게 일어나는 경우와 나쁘게 일어나는 경우가 있다는 뜻이다.

예를 들어 결맞음이 좋으면 좋은 결과(과보)로 이어지고 결맞음이 나쁘면 나쁜 결과로 나타난다. 부부간의 인연을 생각하면 이해가 빠를 것이다.

연기緣起는 인연생기因緣生起의 줄인 말이다. 인因은 직접적 원인을 말하고 연緣은 간접적 원인을 말한다.

다시 말해서 모든 존재는 직접적인 원인과 간접적인 원인에 의지하여 생겨난다는 뜻이다.

예를 들어서,
씨앗(종자)을 직접적인 원인이라 하면, 씨앗을 그냥 내버려두면 싹이 날 리가 없을 것이다. 씨앗이 자라 열매를 거두기까지는 흙, 물, 햇빛, 농부의 노력 등 여러 가지 조건이 필요한데 이것을 간접적인 원인이라 한다.

인과법은 원인原因 없는 결과結果는 없다는, 원인(이것)과 결과(저것)의 연기를 말하기 때문에 인과법과 연기법은 하나로 연결되고, 모든 현상은 무수한 원인(인因: 직접적인 원인)과 조건(연緣: 간접적인 원인)이 상호 관계함으로써 그 존재가 가능하기 때문에 인연법과도 하나로 이어진다. 따라서 연기를 떠나 존재할 수 있는 것은 이 세상(우주)에 단 하나도 있을 수 없다.

연기는 상생相生이다. 돈에도 더러운 돈과 깨끗한 돈이 있다. 상생에 어긋나게 번 돈은 더러운 돈이고 상생을 따르면서 번 돈은 깨끗한 돈이다.

인생을 더럽게 살지 마라!

3) 무아無我

만상은 무상하고 연기적인 존재이기 때문에 고정불변으로 존재하는 '나'라고 할 만한 것은 없다. 다만 인연따라 '나'아닌 것들(오온: 색수상행식)이 모여 한시적으로 존재하는 내가 있을 뿐이다. 따라서 무아는 비아非我라는 뜻이다. 무아는 내가 없다는 뜻이 아니라 한시적으로 내가 있는 가운데 본질적으로는 '나'라고 할 만한 것이 없다는 원리를 아는 것이다.

무아이기 때문에 '나'라는 존재는 공空한 존재다.

무아(공空)라는 의미는 나(아我)에게만 해당되는 것이 아니라 만상(법法)에 다 해당되는 것이므로 아공법공我空法空이 다 포함되어 있다. 이것을 대승적인 공의 뜻과 소승적인 공의 의미로 나누지 않는 것이 맞으리라.

공의 참뜻을 모르는 사람들(사이비, 외도)이 공의 의미를 제멋대로 새겨 공부에 혼란을 끼치는 사례가 너무나 많은 현실이다.

4) 무자성

아공법공이기 때문에 만상은 고정불변으로 이루어진 것이 아니라 무상한 가운데 서로 연기되어 이것과 저것이 서로 혼재(섞이다)되어 있으므로 '이것은 이것이고 저것은 저것이다.'라고 하나로 딱 잘라 말할 수 있는 고정된 스스로의 성품(자성自性)이 있을 수 없다는 것(무자성無自性)이 진리로서 자명하다. 음양에 100%가 없듯이 사람도 100% 나쁜 사람도 없고 100% 좋은 사람도 없다는 뜻이다. 모든 것에는 장점과 단점이 혼재되어 있다.

그래서 '유유상종類類相從(같은 동아리끼리 서로 왕래하

여 사귄다는 뜻으로, 비슷한 부류의 인간 모임을 비유한 말.)'이다.

5) 무유정법

 만상은 무상하고 연기적인 존재이기 때문에 아공법공이고 고정된 성품이 없기에 무자성이므로 어느 것 하나라도 정해진 것(정해진 법)이 없다는 것, 즉 무유정법無有定法(정해진 법이 없다.)도 진리로써 자명할 수밖에 없다.

 우리네들의 인생살이에 이런 경우에는 이렇게 하면 반드시 되고 저런 경우에는 저렇게 하면 반드시 된다고 하는 정해진 법(답)이 있느냐? 반대로 해도 마찬가지다. 따라서 없다는 것이 답이다. 이것이 무유정법이다.

정해진 답이 없기 때문에 선택만 남아있다. 선택을 내가 했듯이 선택에 대한 결과는 반드시 내가 책임을 져야 한다. 선택에 대한 과보(결과)는 반드시 나에게 돌아오게 되어있다. 이것이 인과법이다. 모든 일은 자업자득이다.

6) 중도

중도의 본래의 뜻은,

3차원 현상계는 이원성二元性, 즉 음- 양, 남-여, 있다-없다, 같다-다르다, 맞다-틀리다, 여-야 길다-짧다 등과 같이 서로 상반되는 두 개의 성질로 되어 있다. 이때 양극단으로 치우치지 않는 것(균형)을 중도라 한다.

그러나 때로는(인연 따라) 양극단에 치우치기도 하는 것이 중도의 묘미다. 상생相生을 하기 위해서다. 중도는 상생을 하기 위해서는 무슨 짓도 다 한다.

비유하자면 중도는 카멜레온과 같다. 그러나 분명한 자기만의 색깔을 가진다. 그것이 바로 상생이다.

양극단으로 치우치지 않는다 함은, 주관적인 내 생각을 내려놓고(죽이고) 상대방의 입장에서도 생각해 보는 것을 말한다. 이렇게 되면 상대방을 이해하게 되고 받아들이게 됨으로써 다툴 일이 없어지게 될 것이다.

내 생각(고정관념, 아상, 지식, 알음알이, 무명)을 죽인다는 말은 나(자아, ego)를 죽인다는 뜻이다.

나를 죽였을 때가 해탈이다. 비로소 모든 것으로부터 자유로워지기 때문이다. 내가 없으니 어디에도 걸릴 일이 없고(무집착無執着) 머무를 일이 없다(무주無住).

내(주관)가 있어야 객관(대상, 경계, 우주)이 만들어진다. 내가 없는데 우주가 객관적으로 무슨 의미가 있겠는가?

'중도는 중도에도 머무르지 않는다.'

그래서 중도는 답이 없는 답이다.

이 말 안에 깨달음의 모든 것이 다 들어있다고 해도 과언이 아니다.

정해진 답이 없는 것이 진리이므로 중도는 중도에도 머무르지 않는다. 따라서 오직 중도만이 진리라 할 수 있기 때문에 진여의 성품인 원리를 하나의 말로 압축한 말이 중도다.

어떠한 것도 자기 것으로 삼으면 안 된다. 다만 중도를 자기 것으로 삼아야 어떠한 것도 자기 것으로 삼지 않게 된다. 그래서 '중도를 정등각 하는 일'이 깨달음의 궁극이다.

중도를 정등각하기 위해서는 반드시 나(내 생각)를 죽여야 된다.

사이비들은 자기를 죽이는 것이 아니라 오히려 자기를 돋보이게 하려고 온갖 수단과 방법을 가리지 않는다.

'나'라는 것이 죽고 없으니 내 것이라고 할 것은 아무것도 없다. 그래서 중도는 사이비도 될 수 없고 우상도 없다. 중도를 부정하는 사람은 사이비가 되거나 우상을 섬기게 된다.

결론적으로 중도에는 '나'라고 하는 것이 없다. '나'가 없어야 모든 것과 하나 될 수 있다. 나(주관)와 너(객관, 대상, 경계)가 분리되지 않고 하나로 되는 일이 영원히 죽지 않는 일이다. 하나 되는 일이 있는 그대로 보는 일이다. 이것이 깨달음의 궁극이다.

7) 인과법(인연법)

인과법은 진여의 성품이라기보다는 우주의 경영(운영) 원리다. 따라서 인과법을 피할 수 있는 방법은 없다.

어떠한 경우에도 내가 짓고 내가 받는 것이 인과의 진리(원칙)다. 모든 것의 원인은 나다. 그래서 다 내 탓이다. 원인을 다른 곳에서 찾지 마라!
어떠한 경우에도 내가 한 행위가 남에게 돌아가는 일은 없다.
나 외에 남을 위해 하는 기도나 천도재齋와 49재齋에 대해 사유해 보라! 인과법으로 볼 때 진실로 무슨 의미가 있겠는지?

원리라는 하나의 줄에 함께 자리할 수 없는 것은 진리가 아니다. 진여의 성품이 아니므로 자명하지 않기 때문이다. 그러나 안타깝게도 공부가 부족한 줄을 모르는 착각도인들과 사이비들이 많아져 깨달음으로 가는 길이 거의 보이지 않게 된 지금의 현실이다.

인과법은 원인(이것)과 결과(저것)의 연기관계다. 그래서 원인 없는 결과는 없다.

인과법의 핵심은 '악인악과惡因惡果 선인선과善因善果'다.
'악인악과 선인선과'는 진여의 알아차림과 작용에 의해 결정되며, 과학적으로는 양자파동장의 결맞음으로 일어나는 현상이다. 결맞음은 같은 성질의 것과 가장 잘 화합한다.

깨달음과 마음의 구조

　일반적으로 깨달음의 세계에서 말하기를, 마음은 우리들이 늘 쓰고 있는 제6의식(표면의식, 표층의식)과 자아의식으로 인해 무엇을 판단 할 때 자기중심적으로 생각하고 의식과 무의식사이에서 중간 역할을 하는 제7말나식(중간의식, 자아의식, 잠재의식) 그리고 의식에서 일어난 모든 것을 저장하는 제8아뢰야식(무의식, 근본의식, 함장식含藏識)이 있다.

의식은 마음의 5%를 점유하고 있으며 무의식은 95%를 점유하고 있다. 중요한 사실은 무의식이 의식을 지배하고 있다는 사실이다. 다시 말해서 의식은 무의식에 저장되어 있는, 과거로부터 지금 까지 배우고 익혀 학습한 것(알음알이, 아상我相, 지식, 경험, 습관, 무명無明, 업業)들의 지배를 받는다. 이때 의식은 모든 것을 자기중심적(이기적)으로 판단하고 결정 한다는 말이다. 이러한 이유로 생각이 똑같은 사람은 단 한 사람도 있을 수 없다. 이것이 모든 분쟁과 고통의 원인이다.

진여의 성품(본래심本來心, 청정심淸淨心, 본래면목本來面目, 불성佛性)인 원리를 깨닫는 과정에 무의식에 저장되어 있던 무명無明(아상我相, 자아)이 자연스럽게 소멸되고 본래심을 회복하게 된다. 이것이 진정한 성령聖靈(현존現存하는 하나님)이 임하는 일이다.

따라서 성령은 주고받는 일이 아니다.

원리를 확실하게 깨닫고 수행력이 증장되어 깨달음의 깊이와 넓이가 깊어지고 넓어질수록 마음은 의식과 말나식과 아뢰야식으로 나누어지지 않고 본래심인 하나의 마음으로 통합되어 무엇을 하든 하기 전에 어떠한 망설임도 없고 하고 나서 어떠한 후회도 없다. 늘 마음이 중도(완성된 지혜, 지혜바라밀)로 작용한다는 말이다. 이것이 무심無心이요 어디에도 걸림이 없는 해탈이다.

마음의 구조와 작용이 이러하기 때문에 깨달음이란? 새로운 무엇을 얻는 것이 아니라 누구에게나 본래부터 갖추어져있는 본래심本來心으로 되돌아가는 일이기 때문에 아무 것도 얻을 바 없는 일이다.

본래심(진여)에는 '나(자아)'가 없기 때문에 어떠한 분별도 없다. 다만 알아차림(전지全知)과 작용(전능全能)만 있을 뿐이다.

필자(혜산)와 함께 가는 길에는 부처님, 하나님(예수님), 또는 신, 절대자에게 의지하는 것이 아니라 스스로 그분들의 능력을 갖춤으로서 모든 것으로부터 자유로워지는 해탈에 있다.

해탈에는 명상이나 기도 등 그 어떠한 것도 해야 할 '나'가 죽고 없다.

'나'가 죽어야 비로소 공空이다.

음양의 이치(토러스)

  음과 양의 이치는 깨달음의 세계에서는 직접적으로 다루는 분야는 아니다.

  다만 음양의 이치는 깨달음의 세계와는 별도로 진여의 알아차리는 능력과 알아차린 그대로를 작용을 통해 만들어 내는, 전지전능한 능력을 서로 상대성相對性(사물이 그 자체로서 독립하여 존재하지 아니하고, 다른 사물과 의존적인 관계를 가지는 성질. 연기성緣起性)인 음과 양으로 풀어냈을 뿐이다. 따라서 음양의 이치는 진여의 성품에 어긋나지 않는다.

필자는 방대한 음양이치의 핵심과 진여의 성품을 하나로 접목(회통)시켰다.

음양이치陰陽理致의 핵심은, 온전한(100%) 음도 없고 온전한 양도 없다는 것이다. 이것을 한마디로 '음중지양陰中之陽 양중지음陽中之陰'이라 한다.
다시 말해서 음의 성질에는 양의 성질이 섞여 있고 양의 성질에는 음의 성질이 섞여 있다는 말이다.

음과 양은 상대적이므로 둘로 보이지만 음은 양을 품고 양은 음을 품은 동질성同質性이기에 결국 하나라 할 수 있다. 그러나 상대성相對性을 품었기에 하나라 할 수도 없다.

음양은 떨어져 있기 때문에 둘이다. 그러나 떨어져서

는 각각의 기능을 할 수 없으므로 하나다. 이것은 마치 진여의 알아차리는 기능과 알아차린 그대로 작용하는 기능이 서로 떨어질 수 없는 것과 같다.

무극無極의 상태인 하나와, 태극太極의 상태인 음양, 둘을 합해서 둘이라 하고, 이것이 음양의 본래의 의미다. 태극은 무극을 필요로 하고, 무극은 반드시 양면성을 가지는 이유다.

모든 것에는 양면성과 상대성이 있다.

진여를 음양의 이치로 말한다면, 진여 그 자체는 알아차림과 작용만 있을 뿐이다. 진여가 알아차려야 할 상황(조건, 인연)이 아직 마련되지 않아 음과 양으로 분리되기 이전의 상태, 즉 텅 비어 있을 때는 '무극無極'의 상태라 한다. 그러나 인연(조건, 상황, 여건)이 발생하여 알아차리기는 하였으나 어떠한 작용(움직임)도 하지 않고 가만히 있는 상태는 '태극太極'이라 한다. 즉 음과 양으로 나뉘어 있으나 작용은 하지 않고 머물러 있는 상태, 즉 무극이 태극을 그냥 품고 있는 상태다.

음과 양을 알아차리고 음과 양이 작용을 함으로써 물질이 만들어지기 시작하는 상태를 '황극皇極'이라한다.

'음중지양陰中之陽 양중지음陽中之陰'으로 모든 것을 알아차리고 작용하는 이치는 진여의 성품인 '원리'와 하나로 통한다.

'음중지양 양중지음'이기 때문에 음과 양은 서로 성질

은 상대적이나 서로 섞여 있기 때문에 있는 그대로 하나가 되어있기에 '이원성二元性(본질적으로 서로 다른 두 개의 성질)'과는 그 의미가 다르다. 이것은 마치 남자는 남성호르몬이 여성호르몬보다 많이 나오고, 여자는 여성호르몬이 남성호르몬보다 많이 나오는 것과 같다.

순도 100%로 되어있지 않고 서로 혼재되어있다는 뜻은 무아無我와 무자성無自性을 의미한다.

진여의 성품을 원리라 하고 원리를 한마디로 말한다면 '중도'다. 중도는 '상생'이다. 상생은 '연기'다.

음양이치에서는 이것을 '음중지양 양중지음'이라 했다.

음과 양은 서로 의존적(보완적)인 관계를 가지는 상대성相對性이기 때문에 연기관계를 말한다.

음양의 작용을 '기氣'라 하고, 기는 1) 오르고(올라가고) 내리고(내려가고), 2) 붙었다 떨어지고, 3) 밀고(수축) 당기고(팽창) 하는 움직임에 올라가지도 않고 내려가지도 않고, 붙지도 않고 떨어지지도 않고, 당기지도 않고 밀지도 않고 가만히 있는 성질로 되어있다.

이러한 움직임을 형상(모양)으로 나타낸 것을 '토러스 torus(평면 위에 있는 원을 이 원과 교차하지 않는 직선을 축으로 회전하였을 때에 만들어지는 도형의 곡면)'라 한다.

토러스는 음과 양의 움직임(기氣)을 형상으로 나타낸 것이다. 음과 양은 둘이면서 하나이고 하나이면서 둘이다. 둘도 아니고 하나도 아니기에 서로 잡아당기는 '인력 引力(붙었다)'과 서로 밀어내는 '척력斥力(떨어지는)'을 만들었다.

올라가면서는 서로 밀어야 하나가 되지 않고 내려가면서는 서로 당겨야 둘이 되지 않는다. 다시 말해서 음과 양 중에서 어느 한 극이 극단으로 향하면, 상대 극이

약화되면서 다시 원위치로 회귀하는 성질을 가진다. 토러스의 중심점으로 되돌아온다는 말이다. 이러한 토러스의 움직임은 동시에 일어남으로 모든 것은 토러스 안을 벗어 날 수 없게 된다. 죽어도 토러스 안이요 살아도 토러스 안이다.

  모든 존재는 그들이 속해있는 우주(가장 큰 토러스, 큰 하나)를 벗어날 수 없는 이유다.

  토러스에서 모든 것을 빨아들이는 부분을 블랙홀 black hole(중력으로 빨아들이는 힘이 빛의 속도보다 빠르기 때문에 빛도 통과하지 못하므로 깜깜하다.)이라 하고 모든 것을 내놓는 부분을 화이트홀 white hole(블랙홀과 반대의 개념)이라 한다.

  음과 양은 '양면성兩面性(하나의 사물이 동시에 지니고 있는 서로 상반되는 두 가지의 성질)'이다. 이것은 마치 인간은 선善과 악惡의 양면성을 마음속에 지니므로 항상 대립되어 갈등을 일으키게 되는 것과 같다.

'음중지양 양중지음'이 바로 음양의 양면성이다.

삶 속에 죽음이 있고 죽음 속에 또 다른 삶이 있으므로 삶과 죽음도 양면성이다. 살아가는 과정에 삶의 찌꺼기인 업業이 만들어지고 그 업은 그 사람의 에너지인 영혼(정신작용)이 되고 영혼은 종자(씨앗)가 되어 다음 생의 주체가 된다. 이것이 삶(생生)과 죽음(사死)의 윤회(순환)다.

모든 것에는 양면성이 있기에 '무유정법'이다. 장점이 때로는(인연 따라) 단점이 되고 단점이 때로는 장점이 되기도 하고, 행복이 바뀌면 불행이 되고 불행이 바뀌면 행복이 된다. 다시 말해서 양면성이란? 상반되는 두 가지의 성질을 서로 품고 있다는 말이다.

정해진 법(답)이 없다는 것이 법(진리)이다.

자연계(현상계)의 대부분은 음양이 붙었다 떨어지는 작용으로 이루어진다.

인연 따라 모이면(붙고) 생生하고 흩어지면(떨어지면) 멸滅(사死)하기 때문이다.

인간은 오온이 모이고 흩어지는 것이 존재의 전부다. 이것을 아공我空이라 하고, 만상이 다 이러하기 때문에 법공法空이라 한다.

흩어지고 모이는 작용은 한두 번으로 끝나는 일이 아니라 끝없이 돌고 도는 순환을 거듭하는데 이것을 '윤회'라 한다.

만상은 팽창(척력, 미는 힘)하면 둘로 보이고 수축(인력, 끌어당기는 힘)하면 하나로 보일 뿐, 본래 둘도 아니고 하나도 아닌 붙었다(밀고) 떨어지는(당기는) 음과 양의 작용이다.

모든 것은 붙으면(모이면) 현상으로 드러나고(생生) 떨어지면(흩어지면) 사라진다(멸滅, 사死).

과학은 현상계에 형상으로 드러나면 하나, 즉 1이라는 숫자로 말한다. 음양은 둘이면서 하나고 하나이면서 둘이라고 한다 해서 숫자 1, 2가 아니다.

음양(태극)은 둘인 듯 보여도 둘이 아니며, 무극(진여)은 하나인 듯 보여도 하나가 아니다.

과학의 언어는 숫자(수학)이기 때문에 모든 것을 숫자 안에서 사유함으로 우주의 신비를 풀기가 매우 어려운 이유다.

깨달음의 세계에서 공空이라고 해서 아무것도 없는 무無를 말하는 공이 아니다. 그래서 진공眞空(진여)은 모든 것을 만들어 낼 수 있는 에너지로 조금의 빈틈도 없이 꽉 차 있다고 하는 것이다(진공묘유眞空妙有).

어떠한 경우에도 무無에서는 유有가 나올 수 없고 한 번 나온 것은 사라질 수 없다. 다만 모이고 흩어지는 무상無常한 가운데 그 모양을 다르게 하면서 순환(윤회)할 뿐이다. 영원하다는 뜻이다.

토러스로 이루어진 우주

토러스란? 인간의 눈으로는 볼 수 없는 진여의 작용(움직임), 즉 기氣의 흐름을 형상(모양)으로 나타낸 것이다.

토러스란? 음양이 팽창하고 수축함과 동시에 올라가고 내려가는 작용이 일어나면서 만들어지는 형상이다. 한쪽에서 당기면 다른 한쪽에서도 당겨야 팽창하고 한쪽에서 밀면 다른 한쪽에서도 밀어야 수축한다. 이때 올라가고 내려가는 작용이 동시에 일어나면서 극에 달하면 원래의 자리로 되돌아오게 됨으로써 토러스 형상으로 만들어지게 된다.

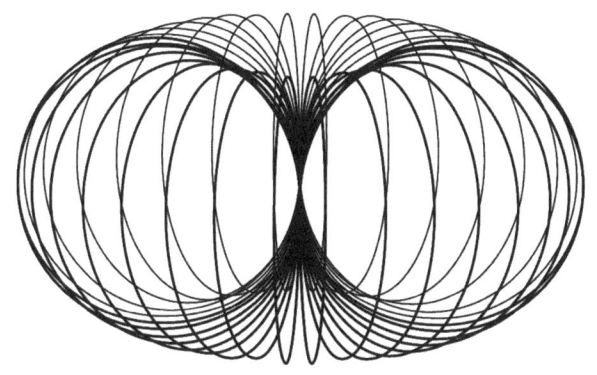

토러스는 가장 작은 소립자(미립자)에서 가장 큰 우주까지 모두 같은 모양이고 크기에는 상관없이 작용은 같다.

인간의 몸을 구성하고 있는 세포 하나하나에는 똑같은 모양의 토러스가 들어 있고 세포가 모여 각각의 장기를 만들면서 조금 커다란 토러스가 만들어지고 이것들이 모여 오장육부를 만들었다. 오장육부는 유기적인 하나로 연결되어 더 큰 토러스가 형성됨으로써 생명활동이 일어나는 것이다. 모든 생명체는 이와 같다.

가장 큰 우주도 이와 같기에 인간의 몸을 소우주라 한다. 다시 말해서 가장 작은 토러스(미립자)가 모여 가장 큰 토러스(우주)를 이룬다는 말이다.

소립자는 모든 물질의 근본 물질이면서 너무나 작아 입자와 파동의 성질을 함께 지니고 있다. 이것을 '소립자의 이중성'이라 하고, 양자물리학은 이 사실을 규명하기 위해 탄생한 학문이다.

만상(우주)을 소립자의 입장에서 보면, 서로 분리되어 있는 가운데 하나로 연결되어 조금의 빈틈도 없이 꽉 차있다. 우주라고 하는 가장 큰 토러스 안에 크기가 헤아릴 수 없을 만큼 다양한 토러스로 가득 차있다는 뜻이다.

이처럼 우주는 큰 토러스로 하나다. 분리되어 있으면서 하나로 연결되어 있다.

우주를 하나의 원리를 통해 유기적으로 경영하기 위해서는 하나의 줄(진리)만이 필요하다. 모든 것이 하나로 연결되어 서로 주고받음으로써 각각의 존재가 가능하게 하기 위함이다.

이 진실을 깨달음의 세계에서는 '연기의 진리'라 하고 이것이 '상생의 조직'이다.

우주는 공간(허공)과 물질(대상)로 분리되어 있지만, 소립자(미립자)라는 하나의 줄로 조금의 빈틈도 없이 연결되어 있다.

우주를 분리해 보면 중생衆生이고 통째 하나로 보면 깨달은 사람이다.

전자를 분리의식이라 하고 후자를 전체의식 또는 순수의식, 우주의식이라 한다.

만상(전체)을 하나로 보면 너와 내가 다르지 않고(불이 不異) 둘이 아니다(불이不二).

너의 행복이 나의 행복이고 너의 불행이 나의 불행이다.

이렇게 되어야 다 사랑하게 된다.

이것이 깨달음의 궁극이요, 해탈이다.

너와 내가 하나 되기 위해서는 내가 죽어야 가능하다.

내가 죽었을 때 비로소 바라는 마음이 없어지는 '무심의 경지'가 된다.

그래서 무심이 중도요 해탈이다.

내가 완전하게 죽으면 있는 그대로 진여의 자리(본래의 자리)로 되돌아가게 된다. 이것이 궁극의 깨달음이다.

이 공부는 '나를 죽이는 공부다.'

내가 없는데 생사가 있을 리 없다.

내가 있는 가운데 내가 죽는 도리다.

주관(나)과 객관(대상, 경계, 우주)이 하나 됨이다.

공간이 텅 비어 정말로 아무것도 없는 무無의 상태면 모든 것이 불가능해진다. 공간은 가장 부드러우면서 가장 강력한 에너지(진여, 매질)로 가득 차 있다. 그래서 소리를 들을 수 있고 볼 수도 있다. 아무것도 없는 무에서는 어떠한 것도 불가능하다.

인간의 마음속에서 인간의 모든 일이 만들어지듯이 만상은 우주라는 가장 큰 토러스 안에서 다 벌어진다.
 인간의 생사도 토러스 안에서 일어나는 작용이므로 아무리 죽어 없어지려 해도 영원히 죽을 수 없는 진실을 확연히 깨치면, 죽음이란? 잠시 공간에 에너지로 머물다 시절인연이 닿으면 다른 모습으로 드러나게 된다.

이것이 생사의 원리이기 때문에 '나'라고 하는 육신(색

色)은 사라져도 정신작용(수상행식受想行識)으로 만들어진 나의 영혼(업業)은 영원함으로 삶과 죽음은 다르지 않다. 살아서도 생명이요 죽어서도 생명이다. 살아서도 죽어서도 토러스 안이다.

우리가 죽으면 가장 큰 토러스(우주)의 한 가족이 되는 일이므로 진정한 죽음은 없다. 우주 자체가 가장 큰 생명이기 때문이다. 죽음이란? 죽는 것이 아니라 잠시 사라져 또 다른 큰 삶의 공간으로 가는 것이므로 이것은 죽음이 아니다. 인연 따라 다만 그 모습만 다를 뿐이다. 우주 만물이 다 이러하다.

우주가 있기에 모든 것이 존재할 수 있거늘 우주 공간으로 되돌아가는 일은 죽음이라 할 수 없다.
생명의 공간으로 다시 돌아가는 일은 죽음이 아니라 다시 태어나는 삶의 과정(순환, 윤회)일 뿐이다.

지금 양자물리학(과학)은 소립자를 통해 이러한 우주의 진실(진리)을 밝혀내고 있다.

모든 물질은 사라지면서 흩어져 근본 물질인 소립자로 되돌아가 다시 태어날 때(윤회) 이것은 저것에 저것은 이것에 서로 혼재(섞여)되어 새로운 모습으로 드러난다. 따라서 부활復活은 윤회(순환)의 좁은(부분적) 의미고 윤회는 부활의 넓은(전체적) 의미다.

이러한 이유로 모든 것은 다 보이지 않는 가운데 부활하고 있다. 한번 생겨난 것은 없어지지 않는다. 다만 눈에서 사라질 뿐이다. 소립자가 인연 따라 모이면(붙음, 양陽) 생겨나고 인연 따라 흩어지면(떨어짐, 음陰) 사라질 뿐이다.

공룡은 사라졌으나 공룡을 이루고 있던 성분은 여기저기에 산재되어 또 다른 생명을 이룬다.

다만 순환할 뿐, 결코 벗어 날 수 없다. 죽어서도 토러스 안이요, 살아서도 토러스 안이다.

 우주 공간은 가장 큰 토러스이므로 완전하게 없어지는 것은 단 하나도 본래 있을 수 없다. 깨달음의 눈(제3의 영안)으로 보면 파도나 아지랑이처럼 출렁이는 파동으로 보이다가 관찰자가 의식의 눈으로 보면 파동이 멈추고 입자로 되어 형상으로 드러나는 것이 바로 3차원 현상계(세상)다. 그래서 모든 것은 양자물리학에서 소립자의 입장으로는 실상이 아니라 허상이라 한다. '소립자의 이중성' 때문이다.

 달을 하나의 소립자로 확대해서 보라!
 '달이 거기에 있기 때문에 내가 보는 것이 아니라 내(관찰자)가 보기 때문에 달이 거기에 있다.'

영혼

우주는 진여에 의해 만들어졌기 때문에 깨달음에 관련된 이론 전개는 진여와 만상(모든 존재, 우주)의 직접적인 관계성(연기) 외의 다른 이치를 개입시키면 개념에 혼란을 일으켜 깨달음을 방해할 뿐만 아니라 자칫 정법正法을 벗어나 자기도 모르게 외도外道, 즉 사이비似而非로 빠지게 된다.

깨달음의 세계에서는 신神이라고 하는 독립된 실체는

있을 수 없다. 다만 신앙적(종교)으로 만들어졌을 뿐이다. 그러나 진여와 신의 의미가 공통점이 많기 때문에 '신은 있다, 없다.'를 떠나서 신이라고 하는 것은 진여의 다른 이름이라고 이해를 돕기 위한 것일 뿐 신이 곧 진여는 아니라는 말이다. 그 어떠한 것도 진여와 같아질 수는 없다.

모든 경전은 신앙적(믿음)으로 이해해야 한다. 따라서 깨달음의 세계로 들어가기 위해서는 경전의 허虛와 실實을 가려야 할 것이다. 모든 경전은 인간에 의해 작성된 것이기 때문이다.

인간의 모든 개념을 털어버리고 진여를 확실하게 깨달으면 경전의 허와 실도 확실하게 알 수 있을 것이다.

간화선看話禪(화두선話頭禪)에서는 "부처를 만나면 부처를 죽이고 조사祖師를 만나면 조사를 죽이라 했다."

신이 있다고 하면 신성神性(신의 성품)과 영혼의식(업식業識, 에고의 성품)을 하나로 연결해서 신성과 영혼의식은 같다고 이론을 펼치게 됨으로 깨달음의 세계와는 멀어지게 된다.

이것은 마치 진여와 '나(에고)'가 같다(=)는 것이 되기 때문이다. 그러나 신앙적으로 신이 있다고 하는 것은 당연하다. 신은 의미적으로는 진여의 다른 이름이기 때문이다.

사이비들이 신은 실체로 존재한다고 단정지어 말하는 이유는, 신이 있다고 주장해야 자신을 신적인 존재로 말하거나 아니면 구세주救世主, 메시아Messiah라고 말할 수 있기 때문이다. 그렇게 함으로써 많은 사람들을 믿음으로 따르게 하고, 자신만을 이익 되게 하고, 상생에 어긋나게 하며, 나쁘게 이용하기 위해서다. 신앙적(종교)으로 신이 있다고 하는 것 자체는 개개인의 선택일 뿐 아무런 잘못이 없다.

다만 깨달음과 멀어질 뿐이다.

영혼에 대해서는 많은 개념이 난무하고 있는 실정이다. 따라서 필자는 진여의 영혼(진여의 성품)과 '나(에고, ego)'의 영혼(나의 성품, 업, 아상), 둘만의 직접적인 관계성으로 영혼의 개념을 정리한다.

필자는 진여의 성품을 진여의 영혼이라 하고 '나(에고, ego)'의 성품을 내 영혼이라 한다.

진여는 본래부터 있었기에 진여의 성품 또한 무엇으로부터 만들어진 것이 아니라 본래부터 있었던 것이다. 그러나 개개인의 성품은 과거로부터 지금까지 배우고 익혀 학습한 것, 즉 업業의 작용인 업식業識(정신작용)에 의해 만들어진 것이다.

사람마다 업이 다 다르므로 영혼이 같은 사람은 단 한 사람도 있을 수 없다.

모든 것은 진여의 다른 모습이듯이 개개인의 영혼(성품)도 진여의 영혼(성품)의 다른 모습이다.

인간은 물질(육신, 몸, 색色)과 정신작용(수상행식受想行識), 즉 오온五蘊이 모여(결합) 이루어진다. 죽는다는 것은 육신이 기능(생명활동)을 다하는 것이다. 몸은 영혼을 담는 그릇이기 때문에 죽는 순간 정신작용(영혼)은 몸(육신, 그릇)을 떠나게 된다. 영혼은 물질이 아니고 에너지이기 때문에 사라지지 않고 다음 생(윤회, 순환)의 주체가 된다. 영혼을 식물에 비교한다면 씨앗(종자)과 같다. 영혼이 사라지지 않고 이어져 내려오기 때문에 유전(DNA, 전이)이 되는 것이다.

업(영혼)이 윤회의 주체이므로 업이 곧 '나(에고ego)'다.

다음 생의 모든 것, 즉 그 사람의 생김새, 기질, 성격, 성향과 같이 선천적으로 타고나는 것이 전생(과거)의 업(영혼)에 의해 결정된다.

인간의 몸(색)은 부모에 의해 만들어지고 그 몸에 영혼(수상행식)이 들어가 하나의 생명체가 되는 것이다.

윤회(순환)는 인과법因果法(인연법因緣法)으로 이어진다.

영혼에 대한 개념 정리는 깨달음의 길로 가는 데 있어 매우 중요하다.

정도正道로 가느냐? 외도外道(사이비)로 가느냐의 문제에 많은 영향력을 미치기 때문이다.

결론적으로 깨달음의 세계에는 신神은 없다. 다만 종교에서 말하는 신의 의미와 깨달음의 대상인 진여의 의미가 공통점이 많다는 것일 뿐 '진여=신'은 아니라는 말이다. 진여는 그 어떠한 것과도 등식(=)이 성립될 수는 없다.

신神과 신성神性, 영혼靈魂과 영성靈性에 대해서는 문화와 종교에 따라 여러 의미로 해석되었다.

깨달음의 길로 가기 위해서는 깨달음의 대상인 '진여'와 진여로부터 만들어진 '현상계' 둘만의 관계성으로 모든 것을 풀어나가야 혼란스럽지 않게 된다.

종교적으로 만들어진 신을 설정하면 신성(신의 성품)과 영혼의 성품인 영성(신앙적으로 이룬 성품)을 같은 의미로 해석하기 때문에 영성인들은 마치 자신이 초능력자(초월자)라고 생각하는 신비주의에 빠지거나 더 나아가서는 신의 경지에 올랐다고 착각해서 직접적으로 신이라 칭하거나 메시아, 구세주라 하기도 한다.

이것이 사이비(외도)들의 특징이다.

소립자의 이중성

소립자(미립자)란? 유형무형有形無形의 모든 것을 구성하고 있는 가장 작은 단위를 소립자라고 한다. 다시 말해서 눈에 보이는 것, 눈에 보이지 않는 것, 세상에 존재하는 모든 것들을 쪼개고 쪼개서 더는 쪼갤 수 없을 때까지 쪼개면 아주 작은 알갱이가 되는데 이것을 소립자라고 한다. 심지어 뇌파, 음파도 소립자로 구성되어 있다.

소립자의 이중성이란?

소립자는 입자와 파동의 성질을 다 지니고 있다는 것을 말한다.

입자와 파동은 상반되는 성질이다. 소립자는 평상시에는 파동의 성질을 지니다가 관찰자가 관찰하면 입자의 성질로 바뀐다는 것이다.

이러한 현상의 원인을 규명하기 위해 발달한 학문이 바로 양자물리학이다.

소립자의 이중성은 진여의 성품인 무자성無自性, 무유정법無有定法, 무아無我와 하나로 통하기 때문에 만상은 있는 그대로 공空(아공我空, 법공法空)한 존재다(소립자의 이중성으로 '반야심경'을 사유해 보라!). 이뿐만 아니라 우주는 소립자로 조금의 빈틈도 없이 꽉 차있기 때문에 소립자라고 하는 하나의 줄로 연결되어 있어 연기를 증명하고, 때로는 입자로 때로는 파동으로 변하고 바뀌기 때문에 무상無常을 증명하기도 한다. 따라서 소립자의 이중성은 중도中道의 뜻(상생相生)을 다 품고 있다.

입자의 성질을 양陽이라 하고 파동의 성질을 음陰이라 한다면, 소립자의 이중성은 '음중지양陰中之陽 양중지음陽中之陰', 즉 온전한(100%) 음도 양도 아닌 음에는 양이 양에는 음이 혼재되어 있다는 음양의 이치와도 같다.

이처럼 소립자의 이중성이 발견됨으로 인해 깨달음의 핵심인 진여의 성품이 양자물리학(과학)으로도 다 밝혀져(증명) 더욱더 자명自明해졌다.
부처님께서는 지금으로부터 약 2,600년 전 깊은 사색에 들어 깨달음으로 관觀하신 것을 과학은 20세기에 들어 비로소 알아내고 있다.

이 글의 내용으로 깨달음의 모든 것을 논리적으로 정

리할 수 있겠으나 더는 풀지 않는다.

  깊게 사유하고 자기만의 독창성(회통會通)으로 설파해 보라! 공부에 많은 이익이 있을 것이다.

우주의 경영(순환, 윤회) 원리 인과법(因果法)

　인과법과 업의 순환(윤회)원리는 우리들의 생활과 가장 밀접하기 때문에 누구나 가장 궁금해하므로 원리를 정확하게 이해하지도 못한 상태에서 지금의 나의 주어진 여건(조건, 상황, 인연)을 원리에 대입시켜 내 생각으로 지나치게 더 알려고 하면 이것은 번뇌 망상이 되어 공부에 방해가 된다.

　원리를 깨치고 나면 자연스럽게 알아지고 또 다른 의심이 자연스럽게 생겨나야 공부에 방해가 되지 않는다.

다시 말해서 원리를 깨닫지 못한 상태에서는 정확하게 모르기 때문에 제대로 알기가 어려워 오히려 혼란스러워지지만 원리를 깨닫고 난 다음에는 정확하게 알 수 있으므로 더는 번뇌 망상이 일어나지 않는다는 말이다.

이처럼 공부 중에 의심은 자연스럽게 일어나야 하고 (순수한 의심) 깨달음으로 자연스럽게 풀어져야 하는 것이 매우 중요하다.

인과법이란? 지금 일어나고 있는 모든 현상은 과거에 일어난 모든 현상이 원인이 되어 그 결과의 과보로서 나타나는 것을 말한다.

따라서 지금의 현상(나에게 주어진 여건)을 어떻게 대처해 나가느냐에 따라 미래가 결정된다. 이것은 진여眞如의 알아차리고(전지全知) 작용하는(전능全能) 에너지의 '양자파동장의 결맞음'에 의해 일어나는 일이므로 우주의 경영(운영)원리다. 따라서 이것으로부터 벗어날 수 있는 것은 단 하나도 있을 수 없다.

경전에 이르기를….
"아무리 깊은 바닷물 속이나 깊은 산중에 숨어있어도 이 법을 피할 수는 없다."고 하였다.
우주는 인과법으로 한 치의 오차도 없이 돌아가고 있다. 이러한 이유로 아무리 사소한 일이라 할지라도 우연이란 없다. 반드시 필연일 뿐이다.
원인 없는 결과는 없기 때문이다.

인과의 원리는 이것과 저것이 서로 주고받는 상호관계성(원인과 결과의 연기緣起, 상호의존성)에 의해 이루어지는 것이기 때문에 인연법因緣法이라고도 한다. 나쁜 행위를 하면 나쁜 인연을 만나고 좋은 행위를 하면 좋은 인연을 만날 가능성이 크다.

인과법을 인간의 문제로 탐구해보면 다음과 같이 적용된다.

인간은 누구나 과거로부터 지금까지 배우고 익혀 학습한 것에 의해 생각을 하고 모든 행위를 하기 때문에 생각이 똑같은 사람이 없으므로 사람마다 하는 행위도 다 다를 수밖에 없다. 사람마다 하는 생각과 행위를 총칭해서 깨달음의 세계에서는 이것을 '업業'이라 한다.

업은 만들어지는 즉시 마음의 95%를 차지하고 있는 무의식(제8아뢰야식)에 저장되며, 같은 업을 자주 되풀이하면 할수록 내 것(고정관념, 아상我相, 무명無明, 알음알이, 내 생각, 습관, 중독)으로 굳어져 바꾸기가 어렵게 된다. 무의식은, 우리가 마음대로 쓸 수 있는 5%를 차지하고 있는 의식(제6의식)을 지배하기 때문에 인간은 '업력業力(업이 작용하는 힘)'에 의해 조종되는 것이다.

따라서 과거 전생에 지은 업은 지금(금생)의 모든 것(여건, 조건, 상황)을 결정하는 원인이 되기 때문에 업은 윤회(순환)의 주체가 되는 것이다. 이것은 마치 "콩 심은 데 콩 나고 팥 심은 데 팥 난다."라는 말과 같다.

인과의 원리가 이러하기 때문에 과거로 인해 지금(현재)의 현상(나아가야 할 길)이 결정됨으로 이것을 우리는 운명이니 팔자니 하는데, 주어진 길을 지금 내가 어떻게 가느냐에 따라 미래가 새롭게 결정되기 때문에 가야 할 길은 주어지나 그 길을 지금 내가 어떻게 가느냐에 따라 나의 미래는 결정됨으로써 바꿀 수 없는 숙명이니 운명이니 하는 것은 있을 수 없다.

우리는 누구나 삶에 있어 많은 고통이 있다. 이것을 어떻게 하면 잘 해결할 수 있을까 해서 상담을 하거나 선각자를 만나 '즉문즉설卽問卽說'을 통해 해답을 구하거나 아니면 점집을 찾아다니기도 한다. 그러나 안타깝게도 시원스럽게 해결되는 경우는 극히 드문 것이 지금의 현실이다.

이렇게 방황하는 이유는, 인과법이 순환하는 원리를 깨닫지 못한 어리석음 때문이다.

내 인생은, 내가 무엇을 선택하고 내가 어떻게 처신했느냐에 따라 미래가 결정된다는 진실을 잊지 않아야 한다.

인과법이 순환하는 원리를 깨닫기 위해서는, 시간을 과거(전생) 현재(금생) 미래(내생)로 나누지 말고 하나로 연결된 거대한 흐름으로 인식하는 개념의 전환이 필요하다.

시간은 본래 시작도 끝도 없이(무시무종無始無終) 흐르는 물과 같아서 나눌 수 없는 것이나 인간이 편의상 나누어 놓은 것일 뿐이다. 한 찰나(약 천이백 분의 일 초)가

지나가면 과거(전생前生)라 하고 다가올 것이면 미래(내생來生)라 하기 때문에 지금(찰나)이라는 시간은 잠시도 머무를 수가 없다.

시간이라는 것은 '나(자아自我)'라고 하는 주관主觀이 있기 때문에 만들어진 것(객관客觀)이므로 본래는(진여에는) 없다.

예를 들어서, 오늘 친구에게 돈을 빌렸다면 갚을 날이 되면 갚아야 할 것이다. 만약 갚지 못했다면 언젠가는 갚아야 할 것이다. 그러나 그 두 사람 중에 어느 한 사람이 죽으면 갚지 않아도 무방하다는 생각, 다시 말해서 인과(업)의 순환 원리를 몰라서 죽으면 다 끝난다고 하는 시간에 대한 개념(고정관념, 내 생각, 아상我相, 무명無明)을 가지고 있기 때문에 우리들의 삶은 오히려 더욱더 복잡해지는 원인이 된다. 까닭은 모든 삶이 이기적으로 되기 때문이다. 이와 같은 업의 순환원리를 알면 결코 아무렇게나 말하고 행동하는 것(막행막식莫行莫食)은 두려워서도 하지 못할 것이다.

 금생에 돈을 빌리고 갚지 않으면 반드시 내생에 그 돈을 갚기 위해 가까운 인연으로 다시 만나 어떠한 형태로든 갚아야 한다는 말이다. 지금(금생) 돈을 빌려가고 갚지 않는 사람은 과거(전생)에 내가 그의 돈을 빌리고 갚지 않았기 때문이다. 그래서 과거 전생에 내가 다른 누구에게 고통을 주었다면 내생來生에는 반드시 가까운 인연으로 다시 만나 이번에는 반대로 그에게 내가 고통을 당하게 되는데, 이러한 일은 업장의 고리를 끊지 않으면 한두 번으로 끝나는 것이 아니라 세세생생 끊어지지 않고 반복되기 때문에 업은 윤회한다고 한다. 언젠가는 갚아야 그 업장이 끊어진다는 말이다.

 "전생이 있습니까?"

"너에게 어제가 있었느냐?"

"네!"

"오늘은 내일이 되면 어제가 되느니라"

가까운 인연 중에서도 특히 가족 간의 인연은 전생에 서로 주고받을 것이 가장 많기 때문에 매우 복잡하다.

그렇다면 업이 윤회하는 순환의 고리는 어떻게 하면 끊어질까? 업(인과)의 순환원리로 볼 때 지금 내 앞에 현상적으로 벌어지는 모든 일은 다 '내 탓'이라는 진실을 깨닫게 될 것이다.

다시 말해서 나에게 주어지는 모든 여건(상황, 조건 가야 할 길)은 내가 그 원인(주인공)이라는 사실이기 때문에 남을 원망하거나 나에게 주어진 여건에 불평불만을 한다거나 하지 않고 모든 것을 있는 그대로(긍정적으로) 받아들이고 이해함으로써 서로를 위해 최선의 노력을 다하게 되는 것이다. 이렇게 되면 상대방에게 또 다른 고통을 주지 않기 때문에 비로소 윤회(악연)의 고리는 끊어지는 것이다.

과거의 모습은 지금을 결정짓는 원인이기 때문에 과거는 현재와 함께함으로 현재진행형이다. 시간은 순간순간 지나가기 때문에 과거 현재 미래는 분리될 수 없으므로 모든 것은 진행되고 있을 뿐이다. 다시 말해서 순간순간 행하는 것이 원인이 되고 그 원인은 결과로 이어진다는 말이다.

이 원리를 깨달으면,
나의 생김새는 왜 이렇게 생겼는지? 나는 왜 부잣집이나 가난한 집에 태어났는지? 나의 직업은 왜 이것인지? 나의 가족구성은 왜 이렇게 인연(연결)되어 있는지? 나는 열심히 하는데도 왜 이렇게 되는 일이 없는지? 등 많은 것들의 원인을 알게 된다.

쉽게 말하자면 전생에 복을 많이 지으면 금생에 그 복을 지은 만큼 되돌려받을 수 있고 그렇지 못하면 돌려받을 복이 없다는 말이다. 그래서 지금은 전생(과거)의 나의 모습이다. 좋은 대학에 들어가려면 지금 공부를 열심히 해야 할 것이다.

'지금 나에게 고통을 주는 사람도 전생의 나의 모습이요 즐거움을 주는 사람도 전생의 나의 모습이다.'

이 말의 의미는,

지금 그가 나를 괴롭히는 것은 내가 과거 전생에 그를 괴롭힌 과보를 받는다는 뜻이다. 이러한 원리를 깨달으면 지금의 그에게 내가 어떻게 해야 되는지? 많은 지혜를 얻을 수 있기 때문에 단순한 말이 아니다.

진리는 간단명료하고 단순한 것이 특징이나 그것을 깨달으면 헤아릴 수 없는 지혜가 발현된다. 따라서 지금

복을 베풀어야 내생에 복을 받을 수 있는 것이다.

　과보를 받는 시기도 업에 따라서 각각 다르다. 빨리 받는 것도 있고 늦게 받는 것도 있다. 현세에 짓고 현세에 받는 것을 순현보順現報라 하고 다음 생에 받는 것을 순생보順生報라 하고 몇 생을 건너서 받는 것을 순후보順後報라 한다.

　과거를 탐구하는 일은 지금을 지혜롭게 살아가기 위한 것이다.
　전생을 통해 지혜를 얻고 그 지혜로 세상을 살아가면 미래는 인과(진여의 알아차림과 작용)에 의해 좋아지지 않을 수 없다. 오늘이 행복해야 내일이 행복해진다. 내일을 위해 오늘을 희생시키지 마라! 매우 어리석은 일이다. 기러기 아빠가 되지 말라는 말이다.

인과의 원리를 적용하면 부부간의 인연과 부모-자식 간의 인연을 알게 된다. 흔히 말하기를 "부부는 서로 원수지간의 인연이 많고, 부모 자식의 인연은 자식은 전생에 빚쟁이의 인연이 많다."고 하는데 일리가 있는 말이다.

이렇게 가족의 구성을 전생을 통해 더 선명하게 앎으로써 지금의 문제를 해결하는 데 있어 많은 지혜를 얻을 수 있을 것이다.

특히 부부간에는 전생에 주고받을 것이 가장 많은 인연이기 때문에 이 문제를 해결하기가 가장 어렵다. 따라서 부부간에 일어나는 문제를 수행의 문(스승)으로 삼으면 다른 인연의 문제는 비교적 쉽게 해결됨으로 수행에 있어 많은 이익이 있을 것이다.

인과법을 한마디로 정리하면, ["너의 과거 전생을 알고자 한다면 지금 너에게 주어진 여건(조건, 상황)을 보면 알 수 있고, 너의 미래(내생)를 알고자 한다면 지금 네가 어떻게 하고 있는가를 보면 알 수 있다."]

 이 원리에서 깊은 깨달음을 얻으면 과거 전생을 훤히 꿰뚫어 아는 통찰력인 '숙명통宿命通'이 열린다.

 업이 순환할 때 과거 전생에 서로 주고받을 것이 많을수록 금생에 가장 가까운 사이로 인연이 맺어지기 때문에 부부, 부모 자식, 친구, 직장 동료 등으로 인연 지어진다.

 인연이 멀면 멀수록 객관적으로 보게 되고 가까우면 가까울수록 주관적으로 보게 된다. 다시 말해서 가까울수록 '나'라는 생각(내 부모, 내 친구, 내 형제)이 끼어들어 집착하게 되고 집착은 바라는 마음에서 생기고 바라는 마음은 욕심을 만들고, 우리는 이 모든 마음을 '사랑하기 때문에'라는 생각으로 포장하게 되는데 이것이 모든 일을 지혜롭지 못하게 만드는 가장 큰 원인이 된다.

 업(나의 모든 행위)은 철저하게 독립적이어서 내가 지은 업은 오직 내가 어떻게 하느냐에 따라서 달라진다. 이것은 마치 내 배가 부르려면 내가 먹어야 한다는 것과 같다. 다른 어떠한 사람이 대신 먹어주어도 내 배는 부르지 않는 것과 같다. 그래서 수행은 항상 나를 바꾸는 일이다.

 나를 바꾸기 위해서는, 지금 내 앞에서 일어나는 모든 현상(주어진 조건, 여건, 상황)은 과거 전생에 내가 행한 것(업業)이 원인이 되어 그 과보로 나타나는 일이기 때문에 그 책임은 다 나에게 있다는 인과(업)의 순환원리(윤회)를 깨달아야 한다. 다시 말해서 과거 전생에 내가 상대방에게 고통을 주었다면 지금(금생)은 내가 반대로 그에게 고통을 당한다는 말이다. 그래서 지금 나에게 고통을 주는 그(상대방)를 미워하는 것이 아니라 과거의 나를 참회(반성)함으로써 미워하는 마음이 사라져 오히려 지금 나를 고통스럽게 하는 그에게 잘 대해 줄 수 있게 되는 것이다. 이것이 진심으로 용서하는 일이다. 그러므로 깨달음의 세계에는 용서라는 말은 성립되지 않는다. 이것이 업장業障을 소멸하는 일이며, 업장이 소멸됨으로써 비로소 윤회의 고리는 끊어지는 것이다.

업장을 소멸한다는 것은 말처럼 쉬운 일이 아니다. 업이 작용하는 힘(업력業力, 업식業識)을 이길 수 있는 것은 오직 법法(원리)을 깨달아 체득되는 법력法力(완성된 중도의 지혜)으로써만 가능하기 때문이다.

신앙信仰의 힘으로는 가벼운 업력은 이겨나갈 수 있으나, 무거운 업력은 이기기가 매우 어렵다. 다시 말해서 법력이 아닌 다른 어떠한 것으로도 업력을 이길 수 있는 힘을 가질 수 있는 것은 있을 수 없다는 말이다.

비교하자면, 나에게 적은 피해를 입힌 경우에는 용서해 줄 수도 있고 잊어버리기도 할 수 있으나 심각한 피해를 입힌 경우에는 용서하거나 잊어버리는 일이 거의 불가능하다는 뜻이다.

결론적으로 무의식(제8아뢰야식)에 저장된 업을 소멸함으로써 윤회의 고리를 끊기 위해서는 원리를 체득하고 이루어지는 깨달음으로 '나(자아自我)'를 소멸시켜야 된다.

이러한 원리를 모르는 사람에게 고통의 문제를 해결할 수 있는 아무리 좋은 열쇠(해답, 조언)를 준다 한들 무슨 소용이 있겠는가? 이것이 오늘날 유행하고 있는 즉문즉설卽問卽說의 한계점이다.

인과법의 핵심은 ["선인선과善因善果요 악인악과惡因惡果다.(좋은 일을 하면 반드시 좋은 결과가 오고, 나쁜 일을 하면 반드시 나쁜 결과가 온다.)"]

그래서 "자업자득自業自得이요 사필귀정事必歸正"이다.

이것은 마치 "좋은 대학에 가려면 열심히 공부해야 한다."는 말과 같아서 "세상에 공짜는 없다."

좋은 인연(선연善緣)과 나쁜 인연(악연惡緣)을 판단하는 기준은 과정에 있지 않고 결과에 있다.

예를 들어서 주방장이 주인 망하게 하려고 고기를 많이 넣어 주었는데 그 집에 가면 고기를 많이 넣어 준다는 것이 소문이 나서 오히려 손님이 많아져 주인이 돈을 많이 벌었다면 주인과 주방장은 좋은 인연이다. 그러나 반대로 주인 잘되게 하려고 고기를 조금 넣어 주어 식당이 망했다면 나쁜 인연이라는 말이다. 전자는 동기는 나쁘나 결과가 좋기 때문에 선연이고 후자는 동기는 좋았으나 결과가 나쁘기 때문에 악연이다.

"모든 수행의 핵심(궁극)은 나(자아自我, 주관)를 죽이는 (소멸) 일이다." 나를 죽이면 모든 것은 저절로 객관화됨으로써 번뇌 망상이 동시에 사라지기 때문이다.

'나'를 버리지 않는 이상 바라는 마음 없이 늘 그냥 최선을 다하는 '무심無心'의 삶은 이루어지기 어렵다. 무심은 모든 고통으로부터 자유로워짐으로써 대자유인이 되는 해탈解脫이요, 탐진치貪瞋癡 삼독三毒이 없는 열반涅槃이기 때문이다.

무심은 중도中道를 정등각正等覺 함으로써 얻어지는 최고의 지혜다. 따라서 무심이 끊어지지 않는 것이 깨달음의 궁극이다. 무심 하나면 어떠한 고통도 일어날 수 없다. 다시 말해서 인생을 살아가면서 일어나는 모든 고통은 무심 하나로 다 해결된다는 말이다. 하루를 시작하기 전에 무심으로 살아갈 것을 다짐하고, 잠자리에 들기 전에 오늘 하루 무심으로 살았는지를 점검해 보는 일은 어떠한 수행(기도, 명상)보다도 나에게 더 이익이 될 것이다.

이처럼 우주는 원인에 의한 결과의 나타남만 있을 뿐이기 때문에 그것을 주재하는 별도의 주재자(절대자)는 있을 수 없다. 따라서 우리가 신앙적으로 절대자에게 의지하는 것은 믿음의 문제일 뿐 근본원리에는 어긋나는 일이다. 그래서 수행자는 오직 자기 자신이 진여의 성품(무상, 연기, 중도, 공)인 원리를 깨우쳐 완성되는 궁극의 지혜(완성된 중도의 지혜)로 세상을 살아간다.

이것이 부처님의 유언인 "자등명 자귀의自燈明 自歸依(스스로의 등불이 밝으니 스스로에게 돌아가 의지하고) 법등명 법귀의法燈明 法歸依(법의 등불이 밝으니 법에게 돌아가 의지하라.)"다.

이처럼 우주의 순환 원리인 인과법을 확실하게 알아서

숙명통宿命通이 열리고 진여의 성품인 원리를 깨달아 지혜가 완성되면 어디에도 의지하지 않고 스스로 모든 고통을 헤쳐 나아가는 주인공의 삶을 살아갈 수 있는 것이다. 이렇게 되면 어디에도 집착하지 않기 때문에 어떠한 것에도 걸리지 않는 바람과 같고 물과 같은 대 자유인(해탈자解脫者)이 되는 것이다.

해탈자는 '나(자아, ego)'를 소멸시켰기 때문에 존재 자체만 있을 뿐 나를 위해 필요한 어떠한 그 무엇도 필요치 않게 된다. 다만 존재하기 위해 필요한 최소한의 것만 필요할 뿐이다. 이것이 진정한 무소유無所有다. 무엇을 하든 다만 그냥 최선을 다할 뿐이기 때문에 늘 만족하는 삶을 살아가게 된다.

무심이 깨달음의 궁극이요, 해탈이요, 중도를 정등각正等覺하는 일이다.

'나'를 죽이지 않으면 무심으로 살아간다는 것은 불가능하다. '나'를 죽여야 바라는 마음이 일어나지 않기 때문에 목적의식에 떨어지지 않고, 집착하지 않아 어디에도 걸림이 없고, 어떠한 경우(상황, 여건, 조건)에도 절대 긍정의 마음이 만들어지고, 다 사랑할 수 있게 된다.

성경 말씀의 핵심인 '할렐루야' '아멘'도 '나'를 죽임으로써 가능해진다. '나'를 죽여야 성령聖靈이 나에게 온전히 임臨하게 된다. 따라서 성령은 줄 수도 받을 수도 없는 것이다.

무심으로 한다는 것은, '모든 일에 그냥 최선을 다하는 것을 이르는 말이다.' 이것이 진여의 성품이다.

무심으로 행行한 것은, 행하기는 행하였으나 행한 바가 없기 때문에 삶의 찌꺼기인 업을 남기지 않으므로 윤회의 고리가 다 끊어진다.

이것이 금강경에서 말하는 "응무소주이생기심應無所住而

生其心(어느 곳에도 마음을 머물지 않게 하여 그 마음을 일으키라)"의 의미다.

전생에 어떤 원인을 지으면 금생에 어떠한 과보를 받게 되는지에 대해서는 『삼세인과경三世因果經』에 자세하게 기록되어 있다.

♦

'나'를 죽인다는 것은, '내 생각(알음알이, 지식, 고정관념, 아상我相, 무명無明, 습관, 주관主觀)을 죽이는 일이다.
'나'를 죽이면 원인이 없어지기 때문에 결과도 사라진다(있는 가운데 없다.). 다만 했을 뿐이다. 따라서 삶의 찌꺼기(업業)가 남지 않는다.
새가 하늘을 날았으나 자취를 남기지 않듯이….

'나'를 죽이면 무엇을 했어도 한 바가 없어진다. 이것을 '무위진인無位眞人'이라 한다.

무심으로 밥을 먹으면, 온종일 밥을 먹었으나 한 톨의 쌀도 씹지 않게 된다.

'나'를 죽인 그 자리가 바로 '열반처涅槃處'다. 열반처가 어디에 따로 있는 것이 아니다. 내가 머무르는 그 자리가 있는 그대로 열반처다.
 열반(탐진치 삼독이 사라짐)에 든 그대로 행行을 한다. 이것이 행한 바가 없는 행이다.

'나'를 죽였다고 생각하는 순간 '나'는 되살아난다. "깨달았다고 생각하는 순간 깨달음은 사라진다." 그래서 "정진하고 또 정진하라!"

♦

'바라밀波羅蜜'이란? '완성'을 의미한다. 무엇이든 완성하려면 '나'를 죽여야 한다. '나'가 있으면 완성될 수 없다.
　지혜바라밀이란? '완성된 중도의 지혜'를 말한다.
　인욕忍辱바라밀이란? 참아야 할 일이 만들어지지 않는 것을 말하기 때문에 무슨 일이 일어나도 내가 참아야 할 일이 없다.

♦

'완성된 중도의 지혜'는 너와 나를 이익 되게 하는 일이라면 어디에서 무슨 일이라도 다 한다.
　이렇게 하는 자보다 더 무서운 사람은 없다.

　중도를 체득함으로써 지혜가 완성되면,

"발 없는 발로 길 없는 길을 간다."

◆

원리를 깨달아 극極에 달하면 '나(자아)'가 소멸된다. '나'가 없이 기氣가 작동하면 그것이 바로 '무심無心'이고 진여의 성품이다.

'나'가 죽었기 때문에 '바라는 마음이 없이 하는 것'이다.

'무심'이 중도요, 최상의 지혜요, 해탈이요, 열반이다. 깨달음의 궁극이다. 무심 하나면 모든 고통의 문제를 모조리 다 해결하고도 남는다.

"무엇을 하든 무심으로 하라! 그것이 지혜의 완성이다."

다시 말한다.

무심이란? 생각이 없다는 뜻이 아니라 무슨 생각을 하던 과거에 집착하는 번뇌와 미래를 걱정하는 망상이 없는 '무념無念', 어떠한 것도 내 것(고정관념, 아상我相)으로 삼지 않는 '무상無相', 어디에도 집착하지 않아 머무름이 없는(걸림이 없는) '무주無住'를 하나의 말로 나타낸 말이다.

무심은 육조六朝 혜능慧能 선사禪師의 '육조단경六朝壇經'의 핵심이다.

사이비^{似而非}(외도^{外道})와 우상^{偶像}

필자는 깨달음의 세계를 공부하면서 모든 것(만상)의 최초를 찾기 위해 인간에 의해 만들어져 진실을 가리고 있는 모든 개념을 하나씩 털어내기 시작하였다. 그 과정에 본래부터 있었던 진실을 찾게 되었다.

그것이 바로 '진여眞如'라 이름하는 것이다.

모든 것은 진여로부터 나왔기 때문에 사이비와 우상

의 발원發源도, 진여를 종교(신앙)적으로 신神(창조주)이라는 이름으로 개체화시킨 것으로부터 시작되었다는 사실을 알게 되었다.

진여는 어떠한 경우에도 개체화시킬 수 없다는 진실을 모르기 때문에 막연하게 사람들은 전지전능한 절대자가 있을 것이라는 생각으로 만들어진 것이 신이다.

인간은 종교를 만들었고 신은 종교로부터 비롯되었다.

신이 있을 것이라고 믿기는 하였으나, 막상 신의 실체를 알 수는 없었기에 동서고금을 막론하고 신은 강력한 빛(에너지)으로 묘사하고 있다. 어쨌든 종교에는 신이 있다. 따라서 신을 대신해서 현상계에 나타나 인간을 구원해주는 자도 있어야 했기에 구세주, 메시아, 미륵, 선택받은 자가 등장할 수밖에 없었다. 이러한 것들 자체는 아무런 잘못이 없다. 다만 이러한 사실을 사이비들이 교묘하게 이용해 많은 사람들이 따르게 하고 자기만의 목적을 이루는 데 사용하는 것이 문제다.

사이비란? 겉으로 보기에는 비슷한듯하지만 근본적根本的으로는 아주 다른 것을 말하며, 공자로부터 유래된 말이다. 사이비와 심리학에서 말하는 '소시오패스 sociopath'는 같은 의미의 말이다. 그러나 깨달음의 안목으로 본 넓은 의미의 사이비는, 진여의 성품인 상생相生(연기관계)에 어긋나는 행위를 하는 사람은 다 사이비라고 필자는 정의한다.

세상(우주)은 연기관계緣起關係(상생, 상호의존성, 상호보완성)로 그 존재가 가능하다는 것이 진리이기 때문이다.

연기란? 모든 것은 유기적인 하나의 줄에 서로 연결되어 있는 것을 말한다. 이것을 불교에서는 '인드라망 indrjala(인다라망因陀羅網)'이라 한다. 다시 말해서 만상은 서로 주고받는 상생相生(상호의존성, 상호보완성)의 관계라는 말이다.

기독교에서는 하나님의 말씀에 복종(순종)하지 않고 어긋나는 행위를 하는 사람을 사탄satan이라 한다. 사탄은 천사가 변질하여 된 것이며, 사이비는 깨달음의 정도正道로 가다가 자기만의 길, 즉 외도外道로 빠지는 사람을 사이비라 하기 때문에 사탄과 사이비는 의미적으로는 같다.

진여의 의미를 기독교에서는 하나님이라 하기 때문에 사이비와 사탄은 결국 진여(하나님)의 성품인 상생에 따르지 않는 사람을 이르는 것이 공통점이다.

사이비라 하면 주로 종교에만 있는 것으로 생각하기 쉽다. 필자는 사이비에 대해 깨달음의 안목으로 깊게 들여다보았다.

과학이 발달하고 생활이 풍요로워 지면서 물질만능주의로 바뀌게 되고 극도의 개인주의(자기중심주의)가 팽배해짐으로써 종교를 비롯해서 사회 전체가 점차 사이비화되고 있다는 것이 숨길 수 없는 현실이다.

상생의 진리로 볼 때 종교, 깨달음(수행), 기업, 정치, 가정, 사회, 집단, 공공기관 등 세상 어느 곳에서나 너와 나를 이익 되게 하지 않고 상생에 어긋나는 행위를 하는 사람은 모두 다 사이비라는 말이다. 다시 말해서 종교, 깨달음(수행), 기업, 정치, 공공기관, 가정, 사회, 집단에서 자기중심으로 이익을 추구하는 사람들은 모두가 다 사이비라는 말이다. 각자가 나도 모르게 사이비가 아닌지를 살펴보아야 할 것이다.

사이비는 인간 세상 어디에나 있을 수밖에 없다. 특히 정치 사이비와 기업 사이비(정경유착政經癒着)가 그들의 이익을 위해 결탁하는 일은 세상을 어지럽히는 가장 큰 원인이다.

최근에 있었던 공공기관인 LH한국토지주택공사 공직자들이 직무상 먼저 얻을 수 있는 내부정보를 이용해 토지를 사들여 이익을 챙기는 것은 직책을 이용한 공직자 사이비다.

과거 우리나라에는 최고 정치지도자가 종교 사이비에 속는 줄도 모르게 속아 나라를 어지럽히는 일도 있었다.

우리가 일반적으로 사이비라 생각하지 않는 것으로는, 가정을 돌보지 않는 부모나 부모의 은혜를 모르는 자식과 같은 것이 있다.

종교단체에서 하는 봉사활동도 자칫 사이비가 될 수 있다. 가정의 일은 돌보지 않고 밖에서 봉사활동에만 열심이어서 이 일로 인해 가정이 파탄되는 경우다. 이러한 봉사활동은 시키는 사람이나 하는 사람 모두 사이비다.

집단 사이비란? 의사, 노동자, 법조인 등과 같이 동종 업계에 종사하는 사람들이나 같은 생각(뜻)을 가진 사람들이 단체를 만들어 그들의 이익을 위해 대중들의 약점을 이용하여 파업을 한다거나 단체행동을 하는 것을 말한다.

종교나 깨달음의 공부와 수행을 통해 사이비로 변질되는 사람은 일반인들보다 특별한 능력의 소유자이거나 영적인 경지가 높기 때문에 일반인들이 신앙심으로 따르게 되는 경우가 대부분이어서 매우 조심해야 한다. 그러나 안타까운 일은 속아도 속는 줄을 모르기 때문에 다른 사람들에게 전도(전파)하기도 한다.

역사적인 사건으로 사이비를 살펴보면, 자기 자신을 미륵이라 칭하고 '관심법'이라는 것을 이용해 많은 사람들을 살해한 궁예, 백성들의 살림살이에는 관심이 없고 오직 자신의 목적을 위해 나라를 멸망의 길로 가게 한 진시황제와 같은 사람은 정치 사이비다. 히틀러는 소시오패스다.

동서고금을 통해 정치 사이비들은 헤아릴 수 없을 정도로 많다. 지도자(지배자)라는 이름으로….

종교 사이비와 깨달음의 사이비의 특징

1) 자기 자신을 일반인들과 분리하고 차별하기 위해 신, 메시아, 구세주, 구원자, 미륵, 선택받은 자 등으로 인정받기 위해 온갖 수단과 방법을 가리지 않는다. 자기 자신의 우월함을 늘 내세운다는 말이다.

사이비들은 '나(내 생각, 아상)'를 죽이지 못함으로써 중도를 체득(깨달음)할 수 없기 때문에 강력하게 '나'를 주장한다. 따라서 중도(무상의 진리, 연기의 진리,

상생)를 비방하거나 중도와 다른 자기만의 논리를 성립시킨다.

2) 별도의 종교 단체(교단)나 집단을 만들면서 정도正道(진리, 원리)와 자기만의 이치를 교묘하게 혼합하여 교리와 논리(외도)를 펼친다.

3) 자신을 신성(신, 메시아, 구세주)한 사람으로 인식(최면)시키고 돈을 주어 자신을 따르는 젊은 여성들을 성폭행의 대상으로 삼는 경우가 대부분이다.
사이비나 소시오패스는 대부분 성적도착증性的倒錯症 sexual perversion(성적행동에서의 변태적인 이상습성)이 있다.

4) 자기를 따르는 사람이 많아지면 세력화해서 세상을 바꾼다는 명분(하나님 나라, 천국, 정토세계 등)으로

정치판에 뛰어들기도 하며 그들만을 위한 웅장한 건물이나 상징적인 조형물을 세운다.

5) 예언하기를 좋아하고 예언을 많이 한다.

예언은, 미래의 일을 미리 말하는 것이다. 미래의 일은 어떻게 될지 아무도 모른다. 미래의 일은 미리 알았다고 해서 그 일이 일어나지 않게 막는다는 것은 거의 불가능하다.

미래는 인과의 원리에 의해 결정되고 인과의 원리는 진여의 알아차리고 작용하는 힘에 의해 일어나기 때문이다.

예외적으로 예언가라고 해서 다 사이비는 아니다.

종교의 본질(사명)에 충실한 사람이나 깨달음의 정도로 가는 사람은 어떠한 경우에도 이러한 행위를 결단코

하지 않는다.

 이러한 사이비의 특징은 깨달음의 세계에서는 금기사항이다. 외도(사이비)의 길로 가거나 신비주의(초능력)에 빠지면 깨달음과는 영원히 멀어지기 때문이다.

 사이비에 물들지 않기 위해서는 다음과 같은 확실한 개념이 확립되어야 한다.

 신神은 없다! 신이란? 의미적으로 진여의 다른 이름일 뿐인 것을 종교에서 신앙적(믿음)으로 개체화하고 구체화시켜 인간에 의해 만들어진 것이 신이다. 신이 없으므로 신으로부터 선택받은 구세주, 구원자, 메시아, 미륵 등과 같은 것들도 있을 수 없다.

 결론적으로 사이비들은 이러한 신에 대한 개념으로부터 발생한 것들을 나쁘게(상생에 어긋나게) 사용하고 있다는 말이다.

세상을 경영할 수 있는 것(주재자)은 오직 '진여'뿐이다. 어떠한 것도 이 일을 대신할 수 있는 것은 없다는 것이 진리이며 가장 자명한 진실이다.

사이비의 늪(최면)에 빠지지 마라!
개인을 망치고 사회를 망치고 나라를 망치고 세상을 병들게 한다.

세상이 발전하면 할수록 사이비들은 점점 더 많아지고 지능화한다. 보이스피싱을 비롯해서 모든 분야를 이용한 사기꾼들이 판치고 있는 현실이다. 사이비가 많아지면 사람을 속이고 사기 치는 행위가 거의 일반화됨으로써 개념적으로 무디어지는 일이 더 무서운 일이다. 시골의 오일장에도 원산지를 속이거나 상술이라는 이름으로 소비자의 눈을 속이는 일이 많기 때문이다. 이렇게 사이비와 사기꾼이 많아지면 다수를 빌미로 자기를 합

리화하게 된다. '내로남불'이라는 말이 유행처럼 번지고 있다.

우상이란?

기독교에서는 하나님을 대치하거나 하나님께 속한 영광을 다른 존재에게 바치는 행위를 우상 숭배라고 한다.
(롬 1:21-23)

필자는, 무엇이 되었든 자기 것으로 삼아 '이것만이 최고다.'라고 하면 그것을 우상이라 정의한다. 우상은 상생을 파괴하기 때문에 내가 섬기는 우상과 다른 것을 만나면 늘 시끄럽다. 따라서 부처님 하나님(하느님)도 '이것만이 최고다.'라고 해서 다른 것들을 배척하면 부처님 하나님이라 할지라도 우상으로 변질된다.

정신적으로도 자기가 배우고 익혀 아는 것(고정관념,

아상我相)을 자기 것으로 삼아 다른 것을 받아들이지 않으면 그것 또한 정신적인 우상이다.

사이비들은 자신이 사이비라는 사실을 모르고 다른 사람들에게 설파說破하기 때문에 우상을 섬기는 것이 특징이다.

이러한 이유로 깨달음을 공부하고 수행하는 사람들도 '진리만이 최고다.'라는 고정관념(법상法相)을 지니고 진리를 모르는 사람들을 차별하거나 그들의 말을 인정하지 않고 무시하면 사이비가 된다. 그래서 중도는 중도에도 머무르지 않는 것이다. 중도를 정등각하는 일만이 사이비로 빠지지 않는 절대적인 조건이 된다.

신을 경배하는 종교에서는 특히 이점을 조심해야 한다. 종교분쟁은 물론이고 같은 종교에서도 종파가 다른 것을 이유로 서로 다투는 일은 종교의 본질인 상생에 어긋나는 일이다.

사이비의 특징은 상생(연기의 진리)에 어긋나는 것이다. 따라서 사이비냐 아니냐의 기준은 상생에 어긋났느냐 아니냐에 달려 있을 뿐 종교의 형태(전통적인 4대 종교)에 있지는 않다.

종교에는 수많은 형상들이 있다. 이러한 형상들을 내가 어떠한 마음으로 대하느냐에 따라 그 형상이 우상이 되느냐 아니면 경배敬拜(예배禮拜)의 대상이 되느냐가 결정된다.

우상은 내 마음이 만드는 것일 뿐 어디에 따로 존재하는 것이 아니다.

주재자와 지배자

주재자란? 어떤 일의 중심이 되어 맡아 처리하는 사람을 말하고, 지배자란? 어떤 사람이나 집단, 조직, 사물 등을 자기의 의사대로 복종하게 하여 다스리는 사람을 말한다.

우주를 경영(운영)하는 주재자는 진여다. 진여의 알아차림과 작용이 만상에 전이(유전)되어 현상계에 드러나기 때문이다. 다시 말해서 각각의 개체가 하는 생명활동의 본질(원천)은 진여의 알아차림과 작용의 다른 모습이라는 말이다.

주재자는 다른 것들과 서로 화합(상생)하고 지배자는 독선적(자기 혼자만이 옳다고 믿고 행동하는 성향을 가진 것)이기 쉽다.

주재자가 변질되면 지배자나 사이비가 되기 쉽다.

예수님 부처님은 주재자(상생)의 대표적인 인물이고 칭기즈칸 알렉산더 대왕은 지배자이며 이들은 좋게 말하면 전쟁영웅이고 나쁘게 말하면 침략자(약탈자)다. 지배자는 그들의 입장에서 부분적으로 보고 그 사람을 판단하면 안 된다. 지배당한 나라의 입장에서도 보아야 할 것이다.

남의 나라를 빼앗는 일은 어떠한 명분으로도 합리화될 수 없다.

이순신 장군은 지배자가 아니다. 주재자이기 때문에

성웅聖雄이라 한다.

그는 침략자가 아니기 때문이다.

부처님께서는 지배자의 권력을 버리고 주재자의 길로 가셨기 때문에 위대하신 것이다.

과거로부터 지금까지 배우고 익혀 학습한 것(업)으로 만들어져 이기적(자기중심적)인 나(에고)의 성품을 바꾸어 진여의 성품(상생)으로 되돌아가는 일(회복하는 일, 깨달음)은 주재자가 되기 위해서다.

일체유심조 一切唯心造

일체유심조란? '모든 것은 오직 마음이 지어낸다.'이다. 이 뜻을 잘못 새겨 모든 것은 마음이 만들어 낸다. 라고 하면 3차원 현상계(물질계)에서는 맞지 않다. 그러나 고차원으로 올라갈수록 생각(염력)으로 필요한 것을 직접 만들어 내는 일이 가능해진다. 고차원의 세계는 물질계가 아니기 때문이다.

무상無常이 진리다. 만약에 모든 것이 고정불변의 자성

이 있어 변하거나 바뀌지 않는다면 '일체유심조'라는 말은 성립될 수 없다. 내 생각이 고정불변이면 바꿀 수 없기 때문이다.

원리를 깨달아 '완성된 중도의 지혜'가 생기면 모든 것(원리, 진리)들이 '일체유심조(마음 다스리는 법)'의 가장 좋은 재료(먹이)가 된다. 따라서 '일체유심조'의 방편지혜는 그 수를 헤아릴 수 없을 정도로 무궁무진하다.
일상의 모든 것이 깨달음의 재료가 되기 때문에 '일체유심조'의 재료가 되지 않는 것은 없다.

'일체유심조'를 통해 마음이 잘 다스려지면 마음이 혼란스러움에서 벗어나 편안(고요)해 진다. 지혜는 내 마음이 편안할 때 가장 발현이 잘 된다.
마음이 지나치게 편안해지면 본능적으로 자기도 모르게 편안함에 머무르게 되는데 이렇게 되면 오히려 지혜는 발현되지 않아서 무기력해지기 쉽다.

다시 말해서 편안함에 빠지면 역동성이 사라져 지혜를 실천하는 힘이 사라진다는 말이다. 이것은 마치 깊은 명상에서는 아무것도 할 수 없는 것과 같다. 지혜는 살아 움직여야 그 가치를 지니게 된다.

'일체유심조'에는 강력한 실천이 뒤따르지 않으면 아무런 가치가 없다. 오히려 될 대로 되라고 하는 허무주의에 빠지는 부작용만 있을 뿐이다.

생각하는 대로 될 가능성이 높아진다(마음먹기 나름이다.)는 말은 과학(양자물리학)으로도 근거가 명확한 말이다. 생각에서 나오는 파동(뇌파)의 근본물질은 소립자다. 소립자는 같은 성질의 것과 양자파동장의 결맞음이 잘 일어나기 때문이다.

흔히 가수는 자기가 노래하는 그대로 되는 경우가 많다는 말이 있다. '일체유심조'를 증명하는 말이기도 하지만 과학적으로도 이미 증명되었다.

  소립자의 이중성이란? 소립자는 관찰자가 관찰하면 입자(물질)의 성질을 지니고 관찰하지 않으면 파동의 성질을 지니게 된다.

  소립자를 확대해서 달을 하나의 소립자로 본다면, 달이 거기에 있기 때문에 내가 보는 것이 아니라 내가 보기 때문에 달이 거기에 있는 것이 된다.

  결국, 달을 내가 만들어 보는 것이다.

  '일체유심조'는 자기 최면 요법으로 마음을 다스리기 위한 또 다른 '내 생각'이다. 깨달음에서 오는 지혜를 내가 주도적(주재자主宰者)으로 만들어 쓰는 것이다.

  내 생각으로 만들어 낸 것이 이 세상이다. 이것이 '일체유심조一切有心造'의 뜻이고 모든 것은 '있는 그대로 공空한 존재다.'라고 하는 또 다른 이유다.

신앙도 일종의 '일체유심조'다. 신神도 내가 있다고 믿으면 있는 것이고 없다고 믿으면 없는 것일 뿐 '있고 없고'와 는 아무런 관계가 없기 때문이다.

내가 바로 이 세상(우주)의 주인공이라는 말이다. 기왕에 세상을 내가 만들어 본다면 나에게 유리한 쪽으로 만들어 보라! 긍정적으로 보면 긍정을 낳고 부정적으로 만들어 보면 부정적인 결과를 낳는다. 이것이 의미적으로는 인과법의 핵심인 '선인선과善因善果요, 악인악과惡因惡果'와 같다.

말(생각)이 씨가 된다.

이처럼 번뇌 망상(무명)으로 가득한 내 마음을 돌려 지혜(본래의 자리, 진여의 알아차림)로 바꾸는 것을 '전식득지轉識得智'라 한다. 이것이 필자가 진여의 성품(원리)과 연결해서 '일체유심조'를 지혜로 쓰는 법을 재조명한 독창성이다.

'일체유심조'는, 똑 같은 것을 육감(안이비설신의眼耳鼻舌身意)으로 느끼는 것이 사람마다 다 다르기 때문에 개개인이 만들어서 본다는 의미에서 나온 말이며, 이러한 현상을 일상에서 방편지혜(수단)로 활용하는 데 그 목적이 있다. 원효 대사의 해골 물을 깊게 사유해보라!

인간의 뇌는 지속적으로 생각하는 것과 실지로 일어나는 현상을 구분하지 못하게 설계되어 있다.
'일체유심조'는 이러한 생물학적인 현상을 이용해서 마음을 다스리고(치심법治心法) 마음을 쓰는 법(용심법用心法)에 활용하는 것일 뿐 그 자체가 원리(진리)는 아니다.

인간은 24시간 찰나지간에 나도 모르는 사이에 900번 이상 생각이 일어나고 사라진다. 생각이 끊어지면 그것은 죽은 사람이다.
생각(마음)은 주관(나)이 객관(인연, 경계, 대상, 조건,

여건, 상황)을 만났을 때 일어난다. 이때 누구나 내 생각을 빼고(내려놓고) 있는 그대로를 보지 않고 나의 업식業識(업의 작용, 주관적 알음알이, 지식, 내 생각, 아상我相)으로 만들어서 육감(안이비설신의)으로 받아들인다.

무슨 일이든 긍정적으로 생각하고 늘 감사한 마음을 가져야 한다.

"위를 보면 항상 모자라고 아래를 보면 항상 남는다."라는 말에서 '일체유심조'를 지혜로 삼는다면….

비교하지 마라! 그러나 어차피 비교하려면 위를 보고 비교하지 말고 아래를 보고 비교하라는 말이다. 따라서 지금의 나보다 더 잘나가는 사람과 비교하지 말고 나보다 더 못한 사람과 비교하라는 뜻이다. 이것이 긍정적인 생각이고 이렇게 마음을 다스리면 내 마음이 늘 편안해진다는 것이 '일체유심조'의 의미다.

"나에게 없는 것을 가지려 하지 말고 지금 나에게 주어져 있는 여건(내가 가지고 있는 것)에 만족하면서 다만 최선을 다하라!"

이렇게 마음을 다스렸을 때 비로소 범사에 감사하게 된다.

'일체유심조'는 스포츠에서 많이 활용되고 있다. 마인드 컨트롤Mind Control(자기최면)이다. 운동선수들이 갑작스러운 부상을 당했을 때 입원실에 누워 상상으로 실전을 하는 것처럼 진심을 다하면 실전에 임했을 때 그 효과는 상상을 초월할 정도로 나타난다는 것이 실지로 있었다. 또한, 시합 전에 우승하는 장면이나 나는 할 수 있다는 자신감을 상상으로 자기최면기법을 사용하면 효력이 있다는 것도 여기저기서 증명된 사실이다.

혜산과 함께 가기

신앙信仰과 깨달음

    일반적인 종교생활에는 신앙적으로 하는 경우와 깨달음을 얻기 위해 하는 경우가 있다. 그러나 필자가 말하는 깨달음의 세계는 종교와는 전혀 무관하다. 깨달음의 궁극인 해탈(대 자유인)의 경지에 오르려면 특정 종교에도 머무르지 말아야 하기 때문이다.

    신앙생활에는 반드시 신앙(믿음)의 대상이 있어야 한다. 하나님(하느님), 예수님, 부처님, 신 또는 해 달 별과 같은 자연도 그 대상이 될 수 있다.

 따라서 믿음의 대상을 귀의처歸依處로 삼고 늘 함께하기 위해 기도를 하며 여러 가지 종교의식을 하게 된다.

 신앙에서 믿음의 대상으로 삼고 있는 모든 것들은 다 진여眞如(참나, 진리, 본질, 본성, 근원)의 다른 모습이다. 만상은 다 진여로부터 나왔기 때문이다. 인도의 힌두교에서는 3억 3천 신이 등장한다. 만물은 다 진여의 다른 모습이기 때문이다.

 따라서 무엇을 믿든 깊게 알고 보면 믿음(신앙)의 대상은 다 진여다.

 신앙에서는 진여에 대해 깊게 알고자 하지 않는다. 그러나 깨달음의 세계에서는 공부와 수행을 통해 진여를 체득體得(증득證得)하고 나(자아)의 성품을 버리고 진여의 성품(중도中道, 불성佛性)으로 되돌아가는 것이다.

진여는 본래 있었던 것(본래 항상恒常한 것)이므로 진여에는 그 어떠한 것도 붙을 수 없다. 따라서 종교, 신앙이라는 것은 본래 없던 것이다. 더 확실하게 말한다면 진여에는 깨달음이라는 말도 붙을 수 없다. 굳이 말한다면 본래의 자리(이미 깨달아 있는 그 자리, 알아차림과 작용만 있는 그 자리)로 되돌아가는(회복하는) 일이기 때문이다. 진여의 성품은 모든 것이 평등하기 때문에 서로 화합(상생)하고 융합(하나 됨)할 뿐이다.

깨달음에서, 진여의 성품으로 되돌아간다는 뜻은, 내가 하나님 부처님 신의 경지, 즉 영적으로 3차원을 벗어나 고차원으로 바뀐다는 뜻이다. 따라서 깨달음의 세계에서는 의지처로 삼는 기도 또는 종교의식을 하지 않는다. 다시 말해서 신앙적인 종교를 벗어난다(초월한다.)는 말이다.

종교행사行事나 의식儀式은 종교에 따라 다 다르다. 따라서 어떠한 종교적인 행사나 의식 중에서 보편타당성이 있는 것은 단 하나도 없다. 다시 말해서 종교마다 만들어 낸 것일 뿐 깨달음의 세계(진리의 세계)에는 그 어떠한 행사나 의식은 없다.

기도하는 사람보다 기도하지 않는 사람이 훨씬 더 많다. 그래도 세상은 잘 돌아가고 있다.

종교 행사나 의식보다 종교의 본질인 상생을 실천하는 일이 더 중요하다는 말이다.

신앙(종교)에서 벗어나지 못하면 해탈(깨달음의 궁극)과는 멀어진다. 해탈은 모든 것으로부터 자유로워지는 데 있기 때문이다.

해탈은 깨달음의 궁극이다.

이기심

모든 생명체는 이기적이다. 이기적이지 않으면 자칫 존재 자체가 위험해지기 때문이다. 그래서 이기적인 것은 본능이다.

깨달음을 얻기 위한 공부와 수행도 넓은 의미의 이기적인 마음이 있지 않다면 시작조차도 할 수 없을 것이다.

이기적이기 때문에 욕심은 피할 수 없이 따라 다니게

된다. 다만 지나치게 되면 다른 것에 피해를 입히게 된다.

상생은 나와 너를 이익 되게 하는 것이다. 따라서 나를 희생시켜 상대방을 이익 되게 하는 것은 상생이 아니기 때문에 연기의 진리에 어긋난다.

일방적인 희생은 지혜롭지 못하다는 뜻이다.

깨달음의 공부와 수행은 이기적인 마음으로 시작되고 깨닫고 나면 이기적인 마음이 사라진다. 이기적인 마음은 '나(자아)'로 인해 일어나기 때문에 내가 사라지면 저절로 사라진다.

따라서 깨달음의 궁극은 내가 있는 가운데 '나'를 죽이는 일(내려놓는 일)이다. 내(주관)가 사라지면 모든 경계(객관, 대상)는 동시에 사라진다.

주객이 사라지면 만상은 하나로 화합한다(일원성一元性). 이것이 본래의 모습, 즉 중도실상中道實相이다.

자연은 있는 그대로 중도실상이다.

만상은 이것과 저것이 상호의존의 관계인 연기적緣起的인 존재로서 무상無常(항상하지 않다. 변하고 바뀐다.)하다. 따라서 만상은 공空(무자성無自性)한 존재다.

3차원 현상계(물질계, 이원성二元性)에 살고 있는 인간은 이기적인 마음이 사람마다 천태만상이다. 깨달은 사람은 이기적인 마음이 최소화되어 생명활동에 필요한 최소한의 것에 만족한다. 이것이 무소유無所有의 개념이다.

"욕심을 없애려는 것(무욕無慾, 바라는 마음을 없애려는 일)이 가장 큰 욕심(대욕大慾)이다."
이 말의 뜻은, 깨달음을 얻어 욕심(이기심)을 없애려 하는 일이 가장 큰 욕심이라는 뜻이다.

이처럼 이기적인 것은 좋은 것도 아니고 나쁜 것도 아닙니다. 다만 때에 따라 알맞게(지혜롭게) 쓸 줄 알면 되는 것이다. 세상 모든 것은 이와 같기 때문에 쇠를 솜으로 만들려 하지 말고 솜을 쇠로 만들려 하지 마라! 쇠는 쇠로 쓰고 솜은 솜으로 써라! 사람도 마찬가지다!

해탈(행복)로 가는 지름길

사람들은 나에게 묻는다.
선생님 이럴 때는 어떻게 하면 좋겠습니까?

우리들이 삶을 살아가면서 무수히 많은 일들이 벌어진다. 대부분의 경우에는 일이 생길 때마다 그 해답을 찾으려고 노력을 한다.
그러나 해답을 찾는 것은 어리석은 일이다. 고통의 문제에서 벗어날 수 있게 하는 고정불변의 정해진 답은 없다. 정해진 답(法)이 없는 것이 진리(法)이기 때문이다.

고통스러운 일이 일어났을 경우 이것이 해결할 수 있는 답이라 생각하고 실행했을 때 잘 해결될 수도 있지만 해결되지 않을 경우가 훨씬 더 많다.

삶에서 생기는 일 그 하나하나를 해결해서 행복을 찾으려 하지 마라!
다만 그 일에 최선을 다했으면 주어지는 결과에는 집착하지 말고 하나를 얻으면 그것에 만족하고 열을 얻었으면 또한 그것에 만족하면 된다. 다시 말해서 무심無心으로 최선을 다했으면 그 결과는 인과因果(인연因緣, 하늘의 뜻)의 순리에 맡겨두라는 말이다.

결론적으로, 고통이 일어날 때 하나하나를 해결해서 고통으로부터 벗어나 행복해지려 하지 말고 고통이 있는 가운데 늘 만족할 수 있는 내 마음의 상태를 미리 준비해 놓아야 한다.

명상도 이와 같아서 조용한 곳에서 명상에 들었을 때는 마음이 조용하다가 명상에서 나오면 또다시 시끄러워지면 안 된다. 명상은 시끄러운 가운데 있어도 늘 마음이 조용해야 그것이 참다운 명상이다.

늘 만족하는 삶이 가장 행복한 삶이다. 그러기 위해서는 바라는 마음을 없애야 하고, 늘 감사하는 마음을 가져야 하며, 어떠한 경우에도 긍정적인 마음을 가져야 한다.

이것이 바로 '무심無心'이다. 무심은 어디에도 걸림이 없어 바람과 같고 물과 같은 '해탈解脫(대 자유인)'의 경지다.

해탈을 하기 위해서는 진여의 성품인 원리를 확실하게 깨달아 내가 살아있는 가운데 '나(자아自我)'를 소멸(죽이는 것)시켜야 된다.

따라서 깨달음(수행)의 궁극은 '나'를 죽이는 해탈에 있다.

나를 죽인다는 말은, 진여의 성품인 원리를 깨달으면 '나(자아)'가 조금씩 나도 모르는 사이에 자연스럽게 죽어진다는 말이다. 다시 말해서 '내 생각(고정관념, 아상我相, 무명無明, 알음알이, 지식, 업業)을 죽이는 일이다.

내 생각을 죽인다는 말은 '있는 그대로를 본다.'는 뜻이다. 이것이 진실을 보는 것이고, 진실을 보게 되면 어떠한 것도 가장 잘 해결할 수 있는 '지혜智慧'가 무한정 발현發顯된다.

무심으로 할 때 가장 좋은 지혜가 발현된다.

무심으로 행行한 것은 행하기는 행하였으나 삶의 찌꺼기인 업業(흔적)을 남기지 않기 때문에 윤회의 고리로부터 자유로워진다. 이것을 '열반涅槃'이라 한다.

열반에 들어 세속을 영원히 떠나면 '소승小乘'이라 하고 '보살菩薩'이 되어 세속을 드나들면서 중생을 깨달음의 길로 안내하는 역할을 하면 '대승大乘'이라 한다.

깨달음으로 본 최면催眠

넓은 의미로 최면의 의미를 새겨보면, 우리들은 24시간 최면 속에서 살아간다고 해도 과언이 아니다. 이러한 이유는 내가 무엇을 좋아하거나 싫어하면 좋아하는 그것에, 싫어하는 그것에 최면이 걸렸기 때문에 나타나는 현상이다.

내가 무엇을 좋아하거나 싫어한다는 것은 과거의 경험(업業, 알음알이, 지식. 개념)이 쌓여 나의 무의식에 저장되어 의식을 지배하기 때문에 나타나는 현상이다. 따라서 내가 내 마음대로 사용할 수 있는 제6의식은 과거의 모든 것을 바탕으로 판단하고 행동하기 때문에 실제로는 무의식(최면, 제8아뢰야식)으로 우리는 살아가고 있는 것이다. 이처럼 우리들은 무의식을 벗어날 수 없다. 무의식에 저장되어 있는 업(아상, 무명, 알음알이, 지식)은 정신작용으로써 에너지이며, 이것이 개개인의 영혼이다. 육신은 죽어서 사라지나 영혼은 사라지지 않고 다음 생(윤회, 순환)의 주체가 된다.

우리들의 인생은, 무의식에 무엇을 저장하느냐가 관건이다. 과거로부터 지금까지 내가 배우고 익혀 학습한 것, 즉 내 성품(영혼)으로 저장할 것인가 아니면 본래부터 항상한 진여의 성품(영혼)으로 저장할 것인가에 있다.

진여의 성품을 저장함으로써 해탈의 경지에 올라야

궁극에 이르게 될 것이다. 해탈하기 위해서는 모든 것으로부터 자유로워져야 한다. 그러기 위해서는 어떠한 것도 내 것으로 삼지 말아야 한다. 이것이 중도中道다. 중도는 중도에도 머무르지 않기 때문에 중도를 내 것으로 삼으면 어디에도 걸리지 않는다. 다시 말해서 최면으로부터 자유로워지기 위해서는 중도에 최면이 걸려야 한다는 말이다.

중도를 체득하지 못하면 반드시 어느 한 곳으로 치우치게 된다. 내가 믿는 종교가 최고다. 또는 하나님 말씀(기독교)이나 부처님의 말씀(불교)을 서로 다른 것으로 알고 이것을 무조건적인 신앙으로 삼아 내 것으로 지니는 것은 종교에 최면 걸리는 것으로 분쟁의 원인이 되기도 한다. 오늘날 신앙생활을 하는 사람들이 가장 조심해야 할 일이다.

우리들이 살아가고 있는 지구(사바세계, 중생계)는 서로 상대적인 개념(음-양, 옳다-그르다 등)으로 된 3차원인 이원성二元性으로 되어있기 때문에 어느 나라를 막론하고 여론이 분산되어있다. 우리나라도 좌파(진보)-우파(보수) 또는 지방색으로 나뉘어 분쟁이 끊어지지 않는다. 이것도 넓은 의미의 최면에 걸려있기 때문에 일어나는 현상이다.

좌파든 우파든 그들 나름대로 다 애국자들이다. 그래서 더욱더 시끄럽다. 그러나 이러한 분별 때문에 세상은 발전해 나가는 원동력이 되기도 한다. 이것은 세상은 연기관계(상호의존성, 상호관계성)로 서로 상생相生하기 때문이다. 따라서 해탈은 때로는 다투기도 한다. 이것이 중도다.

최면 중에서 가장 무서운 3가지는, 첫째는 사랑이요, 둘째는 종교요, 셋째는 사상(개념)이다.

치심법治心法과 용심법用心法

치심법이란? 마음을 다스려 고요하고 편안하게 하는 것(번뇌 망상이 없음)을 뜻하고, 용심법이란? 다스려진 마음을 실생활에 적용시켜 쓰는 법을 의미한다. 다시 말해서 치심법은 공부(깨달음)의 의미가 강하고 용심법은 수행(실천, 행行)의 의미가 강하다.

우리가 깨달음을 얻고자 하는 이유가 바로 여기에 있다.

치심법과 용심법은 나의 의지력意志力(의도적意圖的)으로

는 조금의 성과는 있을지 몰라도 금방 한계에 다다르게 되고 인내심으로 참고하면 오히려 한꺼번에 폭발하기가 쉽다. 그러나 원리를 하나씩 깨닫게 되면 깨달음에 비례해서 힘들이지 않고 자연스럽게 이루어지게 된다.

세상에는 행복으로 가는 비결, 삶에서 일어나는 많은 문제를 잘 해결할 수 있는 방법, 우리 아이 잘 키우는 방법, 부부간에 소통하는 방법 등 수많은 정보로 넘쳐 난다. 그러나 어느 것 하나라도 '이렇게 하면 반드시 된다.'라고 하는 정해진 법(답)은 없다.
 '무유정법無有定法'이 진리이기 때문이다.

똑같은 병에 걸렸어도 어떤 사람은 이렇게 해서 잘 나았으나 어떤 사람은 똑같이 이렇게 해도 낫지 않는 것도 이러한 이유에서다. 만약에 고정불변의 정해진 법이 있다면 '일체유심조'도 성립될 수 없다. 독毒이라고 하는 고정불변의 정해진 성질이 있다면 조금 먹어도 죽어야 하고 많이 먹어도 죽어야 한다. 그러나 독도 알맞게 잘 쓰면 약이 된다.

 무유정법을 비롯한 무자성無自性, 무아無我, 공空, 중도中道 등은 무상無常과 연기緣起의 원리(진리)에서 파생되어 나온 말이다. 왜 이렇게 말하는지에 대한 자세한 설명은 여러분들의 깨달음의 공부(회통會通)에 도움을 주기 위해 여기서는 더 이상 풀어서 설명하지 않는다.

 정해진 법은 없다고 하는 무유정법이 진리이기 때문에 우리들의 삶의 문제를 해결하는 정해진 답도 또한 없다. 그래서 원리를 깨달아 발현發顯되는 '지혜智慧'가 그 답이다 '지혜'란? 그때그때 주어지는 인연에 가장 알맞게 적응함으로써 너와 나를 이익 되게 하는 것이기 때문에 이것 역시 정해진 답은 없다.

특히 지혜는 깨달음을 얻는 것에 정비례해서 생기기 때문에 원리를 깨닫는 공부를 하지 않고는 개개인이 지니고 있는 개념(생각)으로 자기식의 답을 만들어 문제를 해결하거나 아니면 종교나 상담(조언)을 통해 답을 얻고 실천에 옮겨 해결할 수밖에 없다. 그러나 문제는 좋은 답을 얻는다 할지라도 실천에 옮긴다는 것은 간단한 문제가 아니기 때문에 대부분의 경우 속 시원하게 해결되지 않는다. 따라서 지나고 나면 '그때 이렇게 했었더라면 더 좋았을 것을…' 하면서 후회하고 괴로워한다.

치심법과 용심법의 결정판은 바로 '무심無心'이다. 무엇을 하든 무심으로 하는 것은 삶의 모든 문제를 해결하는 정해진 답이 아닌 답이다. 다만 무심을 실천하면 어떠한 문제도 다 해결함으로써 행복(해탈)으로 가는 열쇠의 역할을 한다.

무심은 '무념無念(번뇌 망상이 없음)' '무상無相(어떠한 것도 내 것으로 삼지 않음)' '무주無住(어디에도 집착하지 않아 걸림이 없음)'이기 때문이다.

무심으로 마음을 다스리는 것이 '치심법'이고 무심으로 행行하는 것이 '용심법'이다. 이것이 가장 잘하는 일이고 가장 지혜로운 일이기 때문에 정해진 답은 아니나 이것만이 답이다.
 무심이 해탈이고, 중도다!
 무심을 깊게 참구해 보라!

우리들의 삶의 문제를 해결할 수 있는 수많은 정보는 세상에 너무나 많다. 그 많은 정보는 '무심' 하나로 통하지 않는 것은 없다.
 원리를 깨달아 '무심'을 체득(증득)함으로써 발현되는 '완성된 중도의 지혜'로 세상을 살아가는 것이 유일한 답이다. 그러나 정해져 있는 답은 아니다. 완성된 중도의 지혜는 정해져 있는 답이 없다. 인연 따라 법을 다르게 쓰기 때문이다.

무심으로 한다는 것은, 바라는 '마음 없이(내려놓고) 그냥 최선을 다하는 것'이기 때문에 주어지는 결과에는 아무런 미련도 가지지 않는다. 무엇을 하든 무심으로 하게 되면 하는 과정에 늘 만족을 하기 때문에 주어지는 결과는 많이 생기든 적게 생기든 덤으로 생각하게 된다. 그러나 우리들은 과정에는 관심이 없고 주어지는 결과에 늘 집착하기 때문에 이렇게 했으면 더 좋았을 것을 하고 후회를 하는 경우가 대부분이다.

우리가 과거를 돌이켜 볼 때, 그때 이렇게 했으면 더 좋았을 것을 하고 후회를 하거나 그 일에 집착을 하면 치심과 용심이 되지 않는다. 과거를 돌이켜 보는 것은 과거를 좋은 경험으로 삼아 지혜를 얻기 위해서다. 이것 외의 어떠한 것도 과거는 마음에 남기지 않아야 더 좋은 미래를 맞이할 수 있다. 그러나 우리는 안타깝게도 과거에 걸려 미래를 밝게 맞이하지 못한다.

과거는 이미 날아간 새이기 때문에 지금 내가 어떻게 할 수 없는 일이다. 미래는 아직 날아오지 않은 새이니 지금 잡을 수 없다. 지금 내가 잡을 수 있는 새는 오직 지금 내 앞에 날아와 있는 새(지금 내 앞에 벌어져 있는 일) 뿐이다. 오직 지금을 무심으로 살아가면 지금도 좋고 미래도 좋아지고 지나간 과거도 전화위복이 된다. 그래서 무심을 도道라 한다.

치심법과 용심법을 자유자재하게 쓰기 위해서는 반드시 우주의 경영원리인 인과법因果法(인연법因緣法)과 원리를 깨닫고 중도의 지혜를 완성시켜야 한다. 그리되면 모든

것은 자연스럽게 저절로 힘들이지 않고 이루어진다. 이
것이 선행先行되지 않으면 세상은 고통스러운 날이 더 많
게 된다.

이것이 '일체개고一切皆苦'의 의미다.

사람마다 지니고 있는 인연은 너무나 복잡하고 다양
해서 비슷한 경우만 있을 뿐, 똑같은 경우는 없기 때문
에 정해진 답은 있을 수 없다. 더구나 주어진 여건(인연)
은 당사자가 가장 정확하게 알 뿐 제3자는 정확하게 알
수도 없다. 따라서 가장 정확하게 알고 있는 당사자가
원리를 공부해서 깨달음을 얻고 발현되는 지혜(무심)로
해결할 수밖에 없다.

"내 인생을 바꿀 수 있는 사람은 오직 '나'뿐이다. 이
일은 그 누구도 대신해 줄 수 없다."

인과법으로 볼 때, 모든 것의 선택은 다 '나'이기에 내가 모든 것의 원인이므로 다 내 탓이다.

무한대^{無限大}

시간과 공간도 객관적인 것이다.

객관은 주관으로 인해 생긴다.

주관은 바로 '나'다.

무한대가 되려면 '나'가 없어져야 한다.

'나'가 없어지면 있는 그대로 무한대다.

모든 것은 유한하다.

무한한 것은 오직 진여 밖에 없다.

진여에는 '나'라는 것이 없기 때문이다.

사과를 먹어보고 사과를 알듯이 시간과
공간의 무한대를 체득(체험)해 보라!
시간은 흐르는 것이 아니다. 시간은 본래 없기 때문이다.
공간도 이와 같다. 본래 텅 비어 있는 것에는
공간이라는 이름이 본래 없다.

시간과 공간은 '나'로 인해 만들어 질 뿐, 본래는 없다.

본래부터 있었기에 있는 그대로를 알아차리고 알아차린
  그대로를 만들어내기만 하고 텅 비어있는 그것을 이름하여
  '무한대'라 하였다.

있는 그대로 보고, 다만 그냥 하라!

"수보리야! 수보리야! 여래如來의 32상相이 32상이더냐?

아닙니다. 여래의 32상은 32상이 아니기 때문에 32상이라 하였습니다.

다만 그 이름을 32상이라 하였을 뿐입니다."

"길동아! 사과가 사과이더냐? 아닙니다. 사과는 사과가 아니기 때문에 사과라 하였습니다. 다만 그 이름을 사과라 하였을 뿐입니다."

어떠한 것에도 의미를 붙이지 마라! 그것은 다만 그것일 뿐이다. 본래의 자리(진여)에는 그 어떠한 의미도 본래 없다. 의미는 인간의 생각(개념)일 뿐이다.

있는 그대로 본다는 말이 과연 무엇을 뜻하는 말일까? 그냥 본다는 뜻일까? 아니면 무심으로 본다는 말일까?
둘 다 맞는 말인 것 같으나 마음이 후련해지는 깨달음의 말은 아니었기에 깊게 사유해보았다.

사실 그동안은 이 명제에 대해 깊게 사유해 본 일은 없었다. 어느 날 문득 있는 그대로 보라는 말이 떠올라 그 말의 진정한 의미가 무엇일까를 사색하니 시원한 뜻을 새기기가 쉽지 않았다.

지난해 어느 날 문득 메타인지가 작용하면서 번뜩임이 일어나고 마음이 후련해지는 의미를 찾았다. 그것은 바로 '나와 그것(대상, 객관, 경계)이 하나 되는 것(융합)'이었다.

있는 그대로 본다는 의미는 내 생각을 완벽하게 죽이고 그냥 보는 것을 뜻하는데, 이것이 확실하게 어떠한 상황을 말하는지에 대해서는 상대방에게 전달해 주기가 쉽지 않았던 것이다.

나와 그것이 하나 되어 버리면 그 어떠한 말도 필요 없을 것이다. 누가 "있는 그대로 보려면 어떻게 해야 하나요?"라고 물을 때 "그것과 네가 하나 되거라!"라고 말한다면 어떠한 다른 말도 필요치 않을 것이기 때문이다.

"있는 그대로 보고 다만 그냥 최선을 다하라!"

"분석하고 연구하지 마라!
 그냥 진심으로 원리(진리)를 깊게 가만히 들여다보라(사색)! 그리하여 그것과 내가 하나 되면 그것이 가장 큰 깨달음이다.
 연구하고 분석하면 할수록 내 생각(자아, ego)이 살아나 깨달음과는 멀어진다."

이것만이 깨달음의 진수다!

"나는 지금 나에게 주어진 여건(인연)에 만족(감사)하고 있는 그대로를 보고 다만 그냥 무심으로 최선을 다하는 삶을 살아가는 일로 정진에 정진을 거듭할 뿐이다."

— 여해 혜산 양철곤 —

"이것이 나의 공부요, 나의 수행이다."

깨달음의 진수

펴 낸 날 2021년 7월 5일

지 은 이   양철곤
펴 낸 이   이기성
편집팀장   이윤숙
기획편집   윤가영, 이지희, 서해주
표지디자인 윤가영
책임마케팅 강보현, 김성욱
펴 낸 곳   도서출판 생각나눔
출판등록   제 2018-000288호
주   소   서울 잔다리로7안길 22, 태성빌딩 3층
전   화   02-325-5100
팩   스   02-325-5101
홈페이지   www.생각나눔.kr
이 메 일   bookmain@think-book.com

- 책값은 표지 뒷면에 표기되어 있습니다.
  ISBN   979-11-7048-259-8 (03420)

- 이 도서의 국립중앙도서관 출판 시 도서목록(CIP)은 서지정보유통지원시스템 홈페이지 (http://seoji.nl.go.kr)와 국가자료공동목록시스템(http://www.nl.go.kr/kolisnet)에서 이용하실 수 있습니다

Copyright ⓒ 2021 by 양철곤 All rights reserved.
· 이 책은 저작권법에 따라 보호받는 저작물이므로 무단전재와 복제를 금지합니다.
· 잘못된 책은 구입하신 곳에서 바꾸어 드립니다.